蒙台梭利
极简育儿法

3岁开始
学自立

モンテッソーリ教育
が教えてくれた
「信じる」子育て

蒙台梭利教师
[日] 明衣 ◎ 著
张欣然 ◎ 译

苏州新闻出版集团
古吴轩出版社

图书在版编目（CIP）数据

蒙台梭利极简育儿法：3岁开始学自立／（日）明衣
著；张欣然译. -- 苏州：古吴轩出版社，2023.9
ISBN 978-7-5546-2174-5

Ⅰ．①蒙… Ⅱ．①明… ②张… Ⅲ．①学前儿童一家
庭教育 Ⅳ．①G781

中国国家版本馆CIP数据核字(2023)第149102号

MONTESSORI KYOIKU GA OSHIETEKURETA "SHINJIRU" KOSODATE
by Montessori Kyoshi Akie
Copyright © Montessori Kyoshi Akie 2021
All rights reserved.
Original Japanese edition published by Subarusya Corporation.
This Simplified Chinese language edition is published by arrangement with
Subarusya Corporation, Tokyo in care of Tuttle-Mori Agency, Inc., Tokyo
through Inbooker Cultural Development (Beijing) Co., Ltd., Beijing.

责任编辑： 顾　熙
见习编辑： 张　君
封面设计： 尚世设计

书　　名：**蒙台梭利极简育儿法：3岁开始学自立**
著　　者：[日]明　衣
译　　者：张欣然
出版发行：苏州新闻出版集团
　　　　　古吴轩出版社
　　　　　地址：苏州市八达街118号苏州新闻大厦30F
　　　　　电话：0512-65233679　　　邮编：215123
出 版 人：王乐飞
印　　刷：天津旭非印刷有限公司
开　　本：880mm×1230mm　1/32
印　　张：7
字　　数：102千字
版　　次：2023年9月第1版
印　　次：2023年9月第1次印刷
书　　号：ISBN 978-7-5546-2174-5
著作权合
同登记号：图字10-2023-257号
定　　价：49.80元

如有印装质量问题，请与印刷厂联系。022-60307286

身为家长的你，是否有这样的烦恼呢：从育儿那天开始，虽然很想帮助孩子成长，却不知道该怎样参与其中，也不知道该怎样和孩子交流。

育儿，向来被人们当作一件平常事，其实它非常深奥，是孩子成长的助力。

若想做好一件事情，则必须具备相应的知识。同样，只要掌握了孩子的特性和与之相处方式的要点，育儿也会变得轻松而有趣。

我是蒙台梭利教师明衣，曾经当过保育员，现在主要以分享蒙台梭利育儿知识、组织研讨会的方式，致力于实现"让孩子受到尊重的社会"。

我有一个孩子①，和大家一样，我也是一名家长。

---

① 原书出版于2021年1月，作者现在已有两个孩子。后文同。

很久以前，我就非常喜欢孩子，一直梦想成为一名保育员。

然而，我在终于成为保育员之后，发现现实和梦想完全相反。在以家长为主导的环境中，相比于个体，人们更重视集体，因而孩子的个性很容易被抹杀。受到冲击的我对日本教育现状产生了强烈的疑问。

就在这时，我有机会接触了蒙台梭利教育法，即蒙氏教育。越了解其思想，越感觉长期怀有的疑问慢慢被解答了。

我发现未来教育需要蒙氏教育思想。于是，我辞去了曾经梦寐以求的保育员工作，正式开始学习蒙氏教育。

越了解蒙氏教育的本质思想，我就越强烈地想把它介绍给更多的和孩子打交道的人。这种想法促使我走到了今天。

在家长们向我咨询的日常育儿问题中，一些问题高频出现。本书选取了这些问题，并依据蒙氏教育思想来回答每个问题该怎样解决以及如何对待孩子。

在传播蒙台梭利育儿知识的过程中，我收到了很多反馈:"真想早点儿知道。""自从得到了解答,育儿更轻松了!"……这样的反馈让我感激万分。

　　刚开始育儿时,众多家长对许多问题总是摸不着头脑。渐渐地,他们明白了一些知识,如"孩子有这样的特点""这件事很重要,需要注意",他们的视野就会变得开阔,内心也会变得从容。

　　当然,家长需要知道的是,并不是读了本书之后就会出现奇迹,这本书也不会给孩子带来立竿见影的改变。

　　但是读了本书之后,相较于从前,我们能更加理解孩子,并能在育儿的过程中找到宝贵的事物。

　　我们看待孩子的方式将发生改变,和孩子的相处方式也将发生改变。最终,孩子在我们眼里不一样了,并且真的发生了改变。

　　育儿就是助力孩子成长。如果本书能帮助大家解决问题或者发现宝贵的事物,从而让大家获得幸福,我将不胜荣幸。

蒙台梭利教师　明衣

第1章

在孩子0～6岁阶段，家长的信任很重要

第2章

焦急与急躁！
育儿中的常见烦恼和应对办法

第3章

如何提升孩子的日常生活能力

第4章

在与人交往和语言使用上令人担心的事

第5章

育儿就是帮助孩子实现自立和自律

后记
对孩子说"今天也谢谢你"

第1章

在孩子0～6岁阶段，
家长的信任很重要

得到家长的信任，
孩子成长更轻松

对家长来说，孩子是怎样的存在

在帮助孩子成长的过程中，如何看待孩子至关重要。

在继续阅读本书之前，让我们先一起来确认孩子到底是怎样的存在。

孩子的地位比家长的低还是高呢？正确答案是孩子和家长是平等的。

的确，家长比孩子更早踏入这个世界，也比孩子见多识广，但是孩子也是一个拥有人格的个体。正因为如此，家长需要持有这样的态度：尊重孩子、信任孩子，把他当成独立的个体，与之平等交流。

育儿是一项不允许失败的工作吗

育儿，往往会被认为是一项无法重来、不允许失败的重大工作。出于这种想法，家长可能会感到责任重大："我得好好养育孩子。""一定要教好孩子，不让他丢人！"

其实，家长能为孩子做的事比想象中少得多。

那么，家长能为孩子做什么呢？那就是：

● 了解孩子。

● 尊重孩子。

● 信任孩子。

● 支持孩子成长。

孩子来到这个世界，为了能作为一个独立个体生存下去，会朝着自立的方向发展。

孩子自立故事的主角不是家长，不是其他人，而是他自己。家长无法代劳。

家长终究只是协助角色，其职责是作为先来到这个世界的长辈，守护孩子的自我成长，并适时提供援助。

此外，为了帮助孩子从人生道路的起点一步一个脚印往前走，我们要在他们背后、旁边或者前面做示范，还要为他们加油。

孩子不用任何人教就能发展自我

婴幼儿时期是人生的起始阶段，要为未来的成长打下基础。

孩子来到这个世界，个体的身体已经具备，但还不能按照自己的意志活动。这是因为个体的精神还没有形成。

婴幼儿时期正是孩子打造精神的重要时期。

无论孩子出生于哪个国家、哪个时代，以及将接受哪种文化的洗礼，他先天所具备的自我成长能力都不会受到影响。正因为有了这种能力，孩子不用任何人教就能发展自我。

　　家长要持有这样的态度：相信孩子的自我成长能力，为他的成长提供帮助。

　　无论多么爱孩子，家长都不能代替孩子自立。孩子只能靠自己完成自立。

　　但是，孩子的自立需要支持。正因为如此，无条件信任孩子十分重要。这样做可以给予孩子自信和力量，而孩子们凭借这些支持，可以运用自己的力量发展。

　　"反正你做不到。""你只是个孩子。"……千万别说这样的话。不要小瞧孩子的能力，请勇于信任孩子吧！

　　家长信任的力量，会转变为成就孩子的巨大能量。

蒙氏教育有哪些神奇效果

你知道蒙氏教育吗

在拿起本书的读者中，想必有人已经知道蒙氏教育，也应该有人是第一次听说。

蒙氏教育指的是，在110多年前的意大利，一名叫作玛丽亚·蒙台梭利的女医生在充分了解与研究孩子后所创立的教育方法。

大家对蒙氏教育有怎样的印象呢？接受蒙氏教育的人中出现了众多优秀人士，因而有些人会觉得蒙氏教育是学前教育、精英教育。

不过，蒙氏教育的目的绝不是培育天才或提高孩子智力，而是理解孩子的发展特征和原理，营造适宜的环境，采取必要举措，进而帮助孩子自我成长。

尤为重要的是，蒙氏教育的理论和方法是建立在尊重孩子、信任孩子的基础上的。

推荐蒙氏教育的两大理由

我推荐蒙氏教育，有两大理由。

1.孩子可以获得生存能力

我推荐蒙氏教育，第一个理由是孩子可以获得终身受益的生存能力。

蒙氏教育的全部思想都以孩子为出发点，并以孩子的发展原理为基础。因此，孩子的自然欲望能得到满足，可以在成长的黄金期没有"负担"地发展身心。

此外，家长的任务不单单是养孩子，更重要的是把孩子视为一个平等的个体，为孩子的自我发展提供帮助。孩子的自由得到了保障，便可以主动发展自我、参与各种事情。

在这样的环境中生活，被家长这样对待，孩子能获得"做到了"的满足感、成就感、自主选择能力、责任感、永不言弃的韧性、发现问题并解决问题的能力、做事的专注力……

而且，每天都被当成有独立人格的个体，孩子能培养"我值得被这样对待"的自尊心；一直被积极看待，孩子能获得自我认同感。

这些能力无法量化，容易被忽略。

但它们在孩子今后漫长的人生中是必不可少的，可以丰富孩子的人生。

这些能力看似不起眼，却恰恰有益于孩子茁壮成长。

而蒙氏教育，就是培育个体所需的这些生存能力。

2.家长在育儿中也能再次成长

我推荐蒙氏教育，第二个理由是家长看似在帮助孩子成长，实际上自身也能再次成长。

本书一直在强调，尊重孩子、信任孩子很重要。

尊重孩子，把他当成独立个体，很多时候家长需要有忍耐力：当事情不顺利，容易情绪失控时，就要控制自己的情绪。

在育儿的过程中，家长会遇到很多需要忍耐的情况，也会拥有很多直面自己的机会，从而发现自己不擅长的事和自身的弱点。但每当面对并克服它们，家长就能磨炼内心，获得成长。

此外，与孩子相处时要尊重他们。如果家长平时就能意识到这一点，那么不仅是和孩子，和朋友、同事的相处也会变得更加舒适。

孩子想要不插手、不多嘴的家长

初步接触蒙氏教育思想，一些家长也许会感叹："原来和孩子相处，需要这么大的忍耐力啊！"

我有了孩子之后，看到他自己做事，经常会干预。

"你做得不对！"直接纠正孩子很容易，但怎样才能让孩子自己发现问题并改正呢？这个机会和过程对孩子来说价值更高。

这里，需要家长克制插手、多嘴的欲望。

最开始，我非常焦躁，因为强行克制，身体都颤抖了。

后来，我只要成功克制住多嘴的欲望，就会鼓励自己："守护技能加10分，我真棒！"

重复这样做，不插手、不多嘴就慢慢成为习惯，现在连多嘴的想法都没有了。

此外，在这个过程中，我提高了情绪把控力。育儿过程中即使突发违背自己意愿的事，也几乎不会情绪失控了。

而且，我发现，尊重孩子、信任孩子也让我对身边的人更加尊重，人际关系变得更加融洽了。

在育儿过程中汲取蒙氏教育的精华，家长自身也能发生改变。

孩子时时刻刻都在快速成长，如果家长能和孩子一起成长，就再美好不过了！

总结

- 孩子可以发展个体所需的生存能力。

- 有意识地尊重孩子、信任孩子，家长会更加尊重身边的人，人际关系会更加融洽。

- 在育儿过程中引入蒙氏教育思想，家长自身也能获得成长。

育儿的本质：
帮助孩子实现自立和自律

自我成长是孩子与生俱来的能力

蒙氏教育认为，自我成长是孩子与生俱来的能力。

我们把养育孩子叫作育儿，但实际上孩子不是我们养育而成的，而是自己成长的。

即使没有人要求"你该会走路了"，孩子从出生那天起，就为了能用双脚行走而逐步发展自己。

而且，明明没有人教孩子练习走路的顺序，他却依次学会了翻身、坐立、扶着物品站立和扶墙走路。

　　也就是说，为了生存，孩子的基因里被编入了在何时学何事的程序。

　　孩子依靠被编程的信息和能量发展自我，这一点后文将详细介绍。

　　当然，这个过程存在个人差异。即使是处于同一月龄的孩子，每个人发展的速度也是不同的。

　　这里需要注意的关键点是：家长不要追求孩子成长的速度比平均速度快，而要保障孩子有自己的节奏和个性。

　　对孩子来说，这才是真正的幸福。

孩子成长的终极目标是什么

　　刚刚说到孩子天生就有自我成长的能力，那么孩子成长的终极目标到底是什么呢？

　　答案是じりつ。じりつ有两种含义：

自立：自己的事情自己做。

自律：自我约束。

孩子从生命形成的那刻开始，就朝着自立和自律两个目标发展自我。

不是莽撞地，而是朝着两个明确的目标，每天、每时、每分、每秒都在成长。

蒙氏教育把婴幼儿时期的6年分为前一阶段和后一阶段。

前一阶段的3年（0～3岁）为"自我＝个体"打基础。

后一阶段的3年（3～6岁）进一步细化、完善"个体"。

婴幼儿时期，孩子通常有这样的期望：

0～3岁："帮我，让我成为自己。"

3～6岁："帮我，让我能自己做。"

也就是说，在任何时候，孩子都希望凭"自己"的双脚走向自立和自律。育儿的本质就是帮助孩子实现这个愿望。

0～6岁是实现"自我＝个体"的重要时期

就像刚刚所说，孩子朝着自立和自律的目标发展自我。其中，0～6岁婴幼儿时期是实现"自我＝个体"的人生关键期。这6年，孩子发展之快速，发展能量之强大，是未来再也不会有的。

来到这个完全陌生的世界，孩子为了获得生存能力，从诞生那一刻开始就拼尽全力。

"我不想自立了。""每天都要成长，太累了。"我们从没看到过一个孩子会这样放弃或厌恶自我发展。

每个孩子都在拼命发展自我，实现"自我＝个体"。

正因为如此，在孩子成长能量非常强劲的这6年，如果事情不按家长的期望发展，家长就容易和孩子发生冲突。

婴幼儿时期分为无意识时期和有意识时期

0～6岁的婴幼儿时期，可以分为0～3岁的前一阶段和3～6岁的后一阶段。

前一阶段和后一阶段有决定性的差异。

0～3岁属于无意识时期。

3～6岁属于有意识时期。

0～3岁：被看不见的力量驱动

首先来看前一阶段——0～3岁的无意识时期。

孩子处于0～3岁，他每天都在竭尽全力地想怎么做就怎么做，想干什么就干什么。这种样子虽然很可爱，但有时也让家长非常疲惫，感觉自己的精力都被孩子吸走了。（当然并不只是最开始的3年……）

0～3岁的孩子很难会等待。想看，就马上去看；想摸，就马上去摸；想做，就马上去做。得不到满足就拼命哭闹。

孩子为什么会这样呢？因为这个时期意识还没有萌芽，孩子大部分时间在无意识地做事。

在0～3岁，孩子自出生，才开始慢慢萌生意识。

当然，孩子在3岁前并非没有意识。在0~3岁之间，孩子的意识逐渐萌生，而且越来越清楚。

这个时期，与其说孩子是有意识地做某事，不如说很多时候是遵循体内已编程好的信息，由体内能量驱动："现在请发展这个。""现在请获得这个能力。"

因此，在孩子想学走路的时期，即使我们抱起他说："好了，今天走够了吧。"他也会一直打挺①，好像在说："我还想走！""让我走嘛。"

看到纸巾盒，就抽纸抽个不停，因为孩子非常渴望抓住物品。即使被要求"别弄了"，孩子也会被体内能量驱使，无法让自己停下来。

孩子对家长的要求置之不理，可能会导致家长不知所措。

但正因有这个能量，孩子不用家长教"你现在要学会……"，就能发展自我，获得个体生存所需的能力。

___

① 头颈用力向后仰，胸部和腹部挺起。

3～6岁：带着目的有意识地做事

下面介绍后一阶段——3～6岁的有意识时期。

相较于0～3岁的无意识，孩子在3～6岁进入有意识时期。

不是说孩子到了3岁就突然变得有意识，而是在无意识和有意识之间游走的过程中，逐渐步入有意识的世界。

0～3岁，孩子被能量驱使着做想做的事。和前一时期不同，有意识的3～6岁，孩子逐渐带着"我想干什么？"的目的选择事物，并使用能量有意识地做事。

"我想写自己的名字！""我想用这个颜色涂！""我想学会骑自行车！"……如果看到孩子带着目的有意识地做事，就证明他完全踏入了意识世界。

3～6岁，孩子的能量仍然很旺盛。这一时期，孩子以0～3岁学到的东西为基础，不断完善和巩固。

虽然0～6岁都属于婴幼儿时期，但前一阶段和后一阶段的发展完全不同。

务必思考一下，孩子现在是处于无意识时期，还是有意识时期。

总结

- 孩子拥有自我成长能力。

- 孩子以自立和自律为目标发展自我。

- 0~3岁属于相对无意识时期，孩子被内在能量驱动。

- 3~6岁属于有意识时期，孩子带着目的有意识地做事，完善并进一步巩固迄今为止学到的东西。

孩子拥有的两种自我成长能力

哇！实现自立的特殊能力

孩子拥有自我成长能力，但这种能力到底是什么呢？

自我成长能力有以下两种：

吸收力：吸收周围信息的能力。

敏感期能量：为了获得一些特定能力，在限定期间内表现出的能量。

正是因为孩子拥有这两种特殊能力，所以他们不

用接受详细教导，就学会了走路；不用接受逐一灌
输，就学会了使用语言进行交流。

婴幼儿时期，吸收力真强大

孩子出生到这个世界，为了生存下去，需要让自
己成长，尽快适应所处环境。

吸收力就是为此做准备的。

为了适应自己所处的环境，孩子不断吸收、存储
周围信息，并利用储备的信息逐步发展自我。

0~6岁婴幼儿时期，吸收力一直在运作。

语言使用、交流方法、身体活动、日常举止、礼
仪规则、处事方式……对于在自己所处环境中个体生
存所需的一切事物，孩子都充分利用视觉、听觉、嗅
觉、味觉、触觉这五感不断吸收学习。

"孩子什么都能吸收啊！"你和朋友们聊过这
个吗？

真的是这样，好的坏的，孩子全盘吸收。

有位母亲看到她的孩子用脚关门和关抽屉，简直不敢相信自己的眼睛：明明从来没有教过孩子用脚关门！

但是，孩子一直在观察家长的言行，并认真吸收，然后将吸收的东西存储起来，在最佳时机输出。

他不是笼统地吸收，而是鲜明而准确地吸收，然后把吸收的东西原原本本地表现出来。

0～3岁和3～6岁的吸收方式不同

吸收力，在0～3岁和3～6岁有不同的特征。

0～3岁的相对无意识时期，孩子无意识地吸收所有东西，不加过滤。好的坏的，全盘吸收。"刚才的事，就当没发生过"，无法像这样在内心筛选。

看到的、听到的、摸到的、闻到的、吃到的……孩子只要待在那里，就能把所有信息和刺激都存储到自己身上。

相较于0～3岁，在3～6岁的有意识时期，孩子可以有意识地吸收。

"'妈妈'是怎么写的？""怎么才能翻过单杠呢？"……对于自己想吸收、想学会的东西，他们会有意识地去主动掌握。

和0～3岁一样，孩子只要待在那里，就能吸收一切事物。吸收力好得像块海绵。

孩子依靠吸收的东西实现"自我＝个体"。像海绵一样，吸收透明的水就基本不会被染色，吸收乌黑的水就会被染黑。

只有一点和海绵不同。

那就是：吸收力吸收的信息，再也不会被排出。

海绵吸水，一挤，水就会流出来。而吸收力吸收到的信息和刺激，即使想"就当没发生过"一样挤出，也是不可能的。吸收力非常强劲，一旦获取到信息，就抓住不再放手。

正因孩子有强劲的吸收力，才能实现"自我＝个体"，靠自己的力量发展自我。

获得能力的绝佳机会——敏感期

接下来介绍敏感期能量。

在孩子的成长过程中，有"这个时期发展这个能力"的黄金期。

能力有很多种，包括个体生存所需的运动能力、语言能力、感官辨别能力，而获得它们的强烈能量只在某个特定时期出现，这个时期就像在聚光灯下一样。也就是说，这是孩子获得特定能力的最佳时机，蒙氏教育称之为"敏感期"。

正因有敏感期的能量，孩子才可以自主获得一些能力。

正如前文所说，人类出生时虽然拥有身体，却不能按自己的想法活动。

在家长的保护和照顾下，以及在敏感期能量的支持下，孩子逐渐靠自己的双手获得个体生存能力，并让自己的身体按照自己的意志活动。

敏感期的种类和时间段

敏感期大致有六种类型。0～6岁，各种敏感期并行出现。下面将一一解释。

1.语言敏感期（0～6岁）

表现出使语言成为自己的一部分的能量。

孩子对语言非常感兴趣，努力学习语言。

2.运动敏感期（10个月～4岁）

表现出学习双脚走路和使用手这个工具的能量。

为了让身体按自己的想法活动，孩子同时学习身体大幅度活动的粗大动作和身体细微活动的精细动作。总体上表现出想动、想使用手的冲动。

3.感官敏感期（0～4岁半）

表现出磨炼感官（五感：触觉、味觉、嗅觉、视觉、听觉）并辨别感官所获信息的能量。

这个时期，感官变得格外敏锐，孩子极度渴望使用感官获得外部刺激。

4.秩序敏感期（0～4岁，1岁半～3岁达到顶峰）

表现出在心里确立自己在所处环境中的理所当然的秩序的能量。

对"和往常一样"非常执着。

5.社会性敏感期（2岁半～6岁）

表现出适应所处环境的能量。

学习所处环境中人们的行为举止和待人接物的方式。

不仅关心自己，也变得关心周围的人和事物，努力对别人有用，会想"我要帮助别人"。

6.细微事物敏感期（1岁半～3岁）

表现出留意小物品，获取观察力的能量。

对家长留意不到的垃圾、毛发、石子非常敏感，想要拾起它们。

如上面所描述的一样，在0～6岁的婴幼儿时期，孩子对各种事物产生浓厚的兴趣，并表现出用强烈的能量去获取能力。

孩子正在借助吸收力和敏感期的能量，掌握个体生存所需的能力，使它成为自己的一部分。比如，家长不用详细地教孩子如何走路——"今天教你走路。先迈出右脚，接下来，迈左脚……"——孩子也能用双脚行走，逐渐学会走路。

这得益于吸收力和运动敏感期获得运动能力的能量。

两种力量结合，孩子心中便产生对走路的浓厚兴趣。他每天一边仔细观察身边的家长和其他孩子走路，一边吸收走路的动作，然后把吸收的东西输出，便学会了走路。

总结

- 自我成长能力由两部分构成：吸收力和敏感期能量。

- 吸收力是在0~6岁的婴幼儿时期一直运作的力量。

- 敏感期是孩子获得特定能力的最佳时机。

如何将蒙氏教育引入家庭育儿

蒙氏教育可以立刻在家庭实施

也许有人认为蒙氏教育只能在幼儿园、学校等教育场所实施。其实，家长可以立刻在家庭中实施蒙氏教育。

该如何引入它呢?

接下来，详细介绍四个要点。

1.有准备的环境

●准备让孩子做现在想做的事所需要的物品。

蒙氏教育主张通过环境支持孩子成长。

孩子想做某件事，如果没有置身于能做这件事的环境中，那么他就无法发挥，并会感到未被满足。

家长有必要创造合适的环境，从而帮助孩子做现在想做的事。

说起蒙氏教育，教具非常有名，而教具也是环境的一部分。

不过在家庭中，家长没有必要备齐所有教具。

在有准备的环境中，家长对孩子的支持很重要：观察孩子，为了让孩子能做想做的事，准备必要的物品。

比如，看到孩子不断扯纸巾时不要打断，不要说："不行！太浪费了。"而要让孩子能重复体验拉扯动作，家长可以把几块手帕拼缝成长条，放到便当盒等容器中，让孩子玩这个。

这样，孩子就能心满意足地做自己想做的事，并感到满足和自信。

• 营造便于孩子利用的环境。

除了备齐物品，营造能助力孩子自主生活的环境也很重要。

大多数家庭的洗手台、马桶、架子等物品的高度和布局都是根据家长的身高、身材来设计和安排的。为了让孩子能独立做事，家长一定要准备适合孩子的物品，并将物品放到孩子够得到的位置。

如此，预备能让孩子做现在想做的事所需要的物品，营造孩子能自主生活的环境，家长便能在家里实践蒙氏教育。

• 通过环境间接支持孩子。

适宜的环境有助于家长和孩子保持关系平衡。家长既不支使，也不斥责，而是让孩子主动接触、感受并体验适宜的环境来发展自我，这便是间接支持孩子成长。

2. 观察孩子

• 尝试注视孩子：他在玩什么呢？

但是，绝不是说具备了适宜的环境，就大功告成了。

为了支持孩子成长，家长必须了解孩子，否则就很难提供适当的帮助。

了解孩子，需要观察孩子。

一听到观察，家长可能会觉得难度很高。其实不用想得太复杂，只需要带着兴趣注视孩子就可以了："现在，孩子对什么感兴趣呢？""最近孩子喜欢干什么呢？""他想重复做什么？"……

● 不要表露出家长的期望。

注视孩子的时候，家长要注意不要将自己的期待表露出来，如"我想让你多做这个""我想让你这样"；也不要带着偏见看孩子，如"反正这个孩子就是这样"。

家长期待过高或者带着先入为主的偏见，就很难捕捉到孩子的真实样貌。而且，面对期待和现实的落差，可能越观察越焦虑，从而陷入恶性循环。

孩子想做什么？孩子凭自我成长能力现在想学什么？家长能感受到这些并提供帮助是很重要的。

观察孩子，说到底就是要保持积极的态度：现在怎样支持孩子，才能帮到他呢？

3.家长演示给孩子看

●家长的动作对孩子来说太快了。

对于0～6岁的孩子，我推荐实际演示。

这个年龄阶段的孩子还不能像家长一样进行抽象思考。

家长实际演示，孩子就容易获得具体的理解："原来是这样做的啊！"

重点在于慢慢演示，要把正常的速度降低70%～80%。

按照家长平时的速度，干净利落地演示完，"是这样做的，你试一下"。孩子会感觉像按了快进键一样："等一下！啊？从哪里开始呢？"

速度太快，孩子获取不到信息，最后完全不知道该怎么做。

家长再平常不过的动作，对孩子来说都是从未尝试过的高难度动作。

因此，家长要按步骤分解动作，慢慢做给孩子看。

这样，孩子就能吸收、学习动作，把它模仿出来。

● 分别传达动作和语言信息。

家长要想让孩子更容易理解自己的动作，还有一个要点，那就是分开传达动作和语言信息。

"拿着这个，穿过这里。然后，拿着这个，放到这里。看，完成啦！"如果动作和语言信息一起传达，孩子不知道该注意动作还是该注意语言。

对于同时整理视觉和听觉两个感官获得的信息，年龄越小的孩子越难做到。

因此，首先，家长要告诉他们："现在我要演示了，你注意看啊。"慢慢地只演示动作。

之后，可以加入语言，再一次慢慢演示。

这样，孩子分别接收动作和语言信息，就能明白怎么做，并能自己尝试做。这有益于孩子获得"做到了"的成就感。

4.守护

● 不要剥夺孩子从失败中学习的机会。

说起来简单，真正做到不干预孩子，实在太难了。

家长比孩子更有经验，明白更多知识。孩子在眼皮底下犯错，马上就要失败，作为家长，有时候会心里发痒，按捺不住地想把自己知道的事教给孩子：太想提醒他了！

但是，家长要尽力忍耐！

这是见证家长忍耐力的时候。

● 等待孩子自己发现错误。

迄今为止，家长也经历了无数次失败。小的失败，大的失败，积累了各种各样的经验，才走到了今天。

在孩子成长的过程中，重要的不是让家长替他们做到，而是要靠他们自己做到。就算孩子犯错、失败，这一点也不会改变。

"得早点儿让孩子发现错误。""不能让孩子失败。"家长没必要这般未雨绸缪，而是需要等待孩子自己发现错误。

总结

- 通过环境支持孩子成长。

- 支持孩子成长的过程中，观察孩子很重要。

- 教孩子时，演示动作速度降低70%~80%。

- 重要的是，在家长的看护下，孩子靠自己做到。

第 2 章

焦急与急躁！育儿中的常见烦恼和应对办法

没有不行的家长
——焦急与急躁也没关系

发火 ≠ 失败

曾经有人向我咨询：对孩子没耐心，容易发火，是不是不配当父母？

孩子不是什么都能马上做到，这我知道。但家长一着急，就变得没耐心，忍不住发火，想让孩子听话……

有一位妈妈，两岁的儿子怎么都不肯从托儿所回家，她十分生气，自己先回去了。走到半路，放心不下，又返回托儿所。一回去，就看到孩子正在号啕大哭，一位陌生奶奶很担心地在照看着孩子。那位妈妈说，那一刻她非常厌恶自己："我不配当母亲……"

明明平时能心平气和地和孩子相处，一旦比较着急，再加上遇到不顺心的事，就控制不住情绪，忍不住发火。事后反省，又十分后悔……

不少爸爸妈妈经常这样纠结吧。

首先我想告诉大家，这样的父母，不管是在蒙氏教育，还是在其他的育儿领域，绝不是不合格的。

万分焦虑，非常急躁，对孩子发火，绝不是不配当家长。

在育儿这项帮助孩子成长的工作中，不要认为"没办法，就是这样的"，家长要意识到什么东西重要，自己能做些什么。

认识自己的短板，把握自己的需求，不断试错。牢记这一点，比什么都重要。

不用每天都做到 100 分

成为父母之前，家长总是优先考虑自己。

成为父母后，家长更多的时候需要优先考虑孩子，把自己的愿望、感情、行动、时间通通置之脑后。

在这个过程中，家长会感到矛盾，讨厌没耐心的自己。

但经历了这件事情，家长作为个体，也能获得成长。

不用每天都做到 100 分，偶尔不顺利也没关系，失败也没关系。

家长的目标不是每天都做到 100 分，而是在 1 ~ 2 周的时间跨度里，做到让自己满意。

试着在松弛且较长的一段时间内做到这一点。

在孩子婴幼儿时期为其自立的生活打下基础。这个时期，培养孩子信赖世界、自己所处环境以及学会爱自己是很重要的。

为此，家长需要有这样的态度、意识和做这样的努力：用自己的方式更好地和孩子相处。这样做一定能帮助孩子获得心灵的成长和自立。

从下一页开始，对于父母们经常感受到的烦恼，我将重点讲述应对措施。

家长将会明白尊重孩子、信任孩子具体要怎么做。

请先试着从简单的事项做起。

总结

● 不用每天都做到100分。

● 帮助孩子成长的过程中，需要弄清什么东西是重要的，以及哪些事做得好或做得不好。

不积极行动，喊也喊不动
——在说话方式和环境营造
上下功夫

孩子也有自己的事情

孩子每天都不主动洗漱和整理。喊他洗澡，怎么都没有反应；和他说"收拾一下玩具吧"，怎么都不开始收拾……

家长希望事情顺利，孩子却怎么都不动，真是伤脑筋。

家长经常提前做安排："某点前我要出门""某点前我要躺在床上"。

孩子到了5岁左右，逐渐可以有预见地行动，但他的注意力仍然集中在眼前的"现在"。

因此，提前做安排的家长和活在"现在"的孩子，两者间无法保持一致。

但是，就像家长会有自己的安排一样，孩子也有自己的事情要做。

家长要想象这样的场景：我正在读书，马上就要告一段落了，但别人让我现在马上去做饭，会怎么样呢？我会想："等一下！再读几页就结束了。"

但轮到孩子，家长却希望孩子马上按要求行动。

这是不现实的。因此，家长要意识到：孩子活在"现在"，他也有自己的事情要做。

知道和做到是两码事

很多时候，孩子明明知道自己该做什么，却总是磨磨蹭蹭。这让家长格外焦躁："明明知道，为什么不做？"

然而，知道和做到是两码事。

大家一定也有过这样的想法吧："不能再对孩子发脾气了，从明天开始我要尊重孩子。"

但是再次面对孩子时，还是会与之前下定的决心相违背，依然会情绪化地发火。

孩子也是一样的。

如何教导孩子自主思考并采取行动

那么，为了能让孩子自主思考并采取行动，家长该怎么做呢？

有以下六个要点：

1.用请求、拜托、建议的口吻

家长对孩子有所期待，"希望你认真做""希望你好好做"，因此不自觉地流露出居高临下的口吻。

但孩子终究是有独立人格的个体，和家长是平等的。

为了表现对孩子的尊重，家长最好改变说话方式：从单方面的吩咐、命令，转变成请求、拜托、建议的口吻。

- "快点儿！"→"得出门了，能穿下鞋吗？"
- "看好了！"→"看这里，倒茶就不会洒啦。"
- "给我收拾！"→"把它放回架子上，拜托啦！"

改变说话方式，孩子就会放下防备，愿意"听话"。

"请这样做！""请那样做！"比起不由分说地单方面吩咐、命令的上司或前辈，家长还是对关怀自己的上司或前辈更有好感、更加信赖——"现在有时间吗？我想改动一下这个，可以拜托你吗？"

在亲子关系中也是一样的，要想孩子愿意听父母的话，家长一定要表现出对孩子的关心。

2.嘱咐孩子后，家长要陪孩子一起做

孩子在5岁前，通常会把全部心思放在眼前的事上。因此，家长单单嘱咐孩子"去洗澡吧""收拾东西吧"，孩子是听不进去的。这时，家长需要陪孩子一起做事。

在孩子做的事告一段落后，对他说："去洗澡吧，玩具收到这里啊。"一边和他说话，一边走到收纳玩具的地方："放到这里啊。"如果玩具很多，也可以和孩子一起收拾。

为了孩子能够自立，家长要静静守护。孩子做不到的时候，家长就在前面演示，为他提供帮助。

对家长来说，这段时期非常辛苦，但家长的帮助一定能支持孩子成长。

等孩子能一定程度靠自己做事了，家长喊他做事后，要对他说"我在某地（比如更衣室）等你"，然后在他要去的地方等待。

3.把决定权交给孩子，让他觉得是自己做的决定

孩子4岁后，需要让他感受到自己是可以做决定的。比如："该洗澡了，再读几页书结束呢？""什么

时候结束呢？时针走到5，还是走到6？"像这样，把决定的主导权让给孩子，让孩子感觉是自己决定的。这样，孩子能感到满足，对自己决定的事情怀有责任感。同时，也能促进孩子自主思考并行动。

如果孩子的决定是有限制的，家长需要提前告知。例如，问他"还要几分钟结束"。这时如果只能等10分钟，等不了30分钟，那么一开始就要告诉他："我最多能等10分钟，你还要几分钟？"这样就可以避免孩子好不容易做出决定，家长却反悔说"那不行"。

在孩子做出选择后，如果家长每次都要更改，孩子就感觉不到自己选择的必要性——"反正选了也会被改掉"，所以要避免这样的做法。

不仅如此，当天穿的衣服、吃的食物、买的东西等，孩子自己选择时，一旦做出决定，家长就要尊重他的选择。这样的关怀有利于培养孩子的自主选择能力。

4.改用提问的说话方式

等孩子明白自己该做什么，而且能自己做了，推荐改用提问的说话方式。

从"做啊……""给我……"这样的单方面吩咐，改用能引起孩子思考的说话方式。

- "给我换衣服！"→"接下来该怎么做呢？"
- "快点儿洗脸！"→"吃饭前该做什么？"

通过提问，孩子能从被吩咐行动，变成因家长的话思考并采取行动。

5.将准备做的事可视化

还有很多要做的事情没有完成，或不知不觉间对其他事情产生了兴趣，导致该做的事进展得不顺利。这种时候，要把该做的事项可视化。

家长说出并确认要做的事，并把它可视化，借此，孩子可以对必须做的事再次认知、加深理解。

和孩子确认早上、回家后、睡觉前的日程吧。比如："早上从起床到出门，家长要做哪些事呢？"

6.为孩子营造他能独立做事的环境

最后一点，是环境方面。

孩子为出门做准备时，如选衣服、洗脸、准备行李，家长营造"孩子能独立做到"的环境是很重要的。例如，让孩子选穿的衣服时，家长要把孩子的衣服按种类整理收纳，放到孩子可以自己拿到的位置。"妈妈，帮我拿那件衣服……""那件衣服在哪儿？"如果有上面所说的环境，孩子就不用像这样拜托家长了。

必须借助家长的帮助会导致孩子觉得这件事很麻烦：必须等家长帮自己、做事的步骤增加了。营造合适的环境，使孩子能靠自己的力量做成事情，显然，这能培养孩子的行动力。

此外，电视也是环境的一部分。电视开着，孩子容易分散注意力，忘记现在正在做的事。为了让孩子把注意力收回到该做的事上，家长要控制孩子看电视的时长。

总结

- 将吩咐、命令转变为请求、拜托、建议。

- 嘱咐孩子后，家长要陪孩子一起做事。

- 营造合适的环境，让孩子能独立做事。

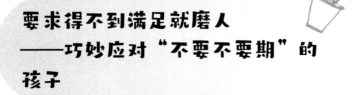

要求得不到满足就磨人
——巧妙应对"不要不要期"的孩子

从妈妈身上分离自我的变革期

　　孩子到了1岁半，自我意识更清晰，很多时候不按家长的期望活动。而且，只要他的要求没得到满足就会大发脾气，习惯说"不要不要"。

　　孩子到了2岁，便正式进入"不要不要期"，开始在各方面都和家长对着干，因此这一时期也被称作

"恶魔两岁期"。

　　但是，孩子这个时期真的是"恶魔"吗？孩子只是单纯在说"不要不要"吗？

　　为了更好地理解孩子，首先家长要了解"不要不要期"是什么。

　　孩子诞生到这个未知世界，妈妈一直是他心中的路标。而"不要不要期"就是孩子从妈妈身上分离自我的变革期。在这迈向自立的重要节点，孩子心中迎来了巨大变革。

　　从出生到1岁左右，孩子不能理解自己和母亲的区别。1岁之后，孩子能自己活动，可以抬头、爬行，就逐渐意识到："嗯？我和母亲是分开的？"这就是自我意识的萌芽。

　　孩子会走路后，不用依靠家长也能很好地活动，物理上和妈妈分开的时间越来越多，自我意识也越来越强烈。

　　于是，孩子不再认为"母亲和自己是一体的"。

　　3岁前，孩子一直花精力从母亲身上分离自我。

"不要不要期"就是孩子自主完成分离自我的时期。

孩子一心渴望自立

"不要不要期"还被称为"第一次叛逆期"。但"叛逆期"这个说法，是从家长的视角来看的。

孩子从出生到1岁，在换衣服、出门、回家等方面，基本上是按家长的节奏很顺利地进行着。

但是，到了1岁半左右，要换衣服，孩子说"不要"；要出门，孩子说"不要"；要回家，孩子还是说"不要"……

以前不费功夫就能顺利进行的事，现在都要一一花上时间和精力，不能按家长的想法顺利开展。

不能如意的原因在于孩子表现出了"我不要""这不对"的想法，家长因此觉得这一时期是"叛逆期"。

其实，孩子绝对不是想反抗家长，让家长烦恼，他只是一心渴望自立。

和 "不要不要期" 的孩子相处的要点

在 "不要不要期"，随着孩子自我意识的萌生，他们的意志也萌生了，他们极度渴望按自己的意志行事。

因此，家长只要提议 "去做 × 事"，孩子就会运用自己的意志，用尽全力说 "我不要"。

那么，在这样的 "不要不要期"，家长怎么做才能帮助孩子自立呢？

我的建议是，注意以下六个要点（以从公园回家的情景为例）：

1.提前告知节点

如果家长突然和孩子说 "回家吧" "结束了"，孩子没有心理准备，反而会哭闹。

建议家长提前告知孩子 "再玩一会儿，我们就回家啦"。这样，比起突然告知，孩子能做好心理准备。

等差不多要回家了，就清楚地告诉孩子节点："把你现在的事情做完就回家啦。" "再滑一次滑梯就回家吧。"……

2.告知接下来的乐趣

告知孩子下一个活动的乐趣，比如："我们散步回家吧，这样就可以发现很多美好的事情啦！""我们比赛，看谁先跑到自行车停放处吧。""回家后，可以玩玩具啦。"……

孩子年龄较小时，不能有预见地行动。

因此，接下来做什么？有什么有意思的事？把这些告诉孩子，能够帮助他转换行动。

3.寻求协助，拜托对方

前文曾提到，家长不要单方面命令孩子，而要有意识地转变说话方式，寻求协助或者拜托对方。

无论孩子处于什么年龄段，家长都必须尊重他。尤其是在"不要不要期"，一定要尊重孩子，把他当作独立的个体。

4.理解孩子的感受

即使家长提前有意识地做到了上述内容，孩子有时还是会说"不要不要""不回去"，或者哭闹。

这种时候，请家长先理解孩子的感受。

"很开心，不想回去吧？""还想玩，对吧？"……把孩子说的话、讨厌的事复述出来。

有些时候家长很难推测孩子讨厌的是什么。这种时候，可以只说："不愿意，对吧？"重要的是，要向孩子传达"我明白你的心情"。

孩子不是随意地发泄情绪，父母是他最喜欢、最信赖的人，他希望自己得到父母的理解。

但他还不能控制并用语言冷静地表达自己的感情。正因为如此，家长需要揣度并理解孩子的心情，并表示自己感同身受——"我理解你"。

5.清晰地表明原则

家长不能因为孩子有了自己的意志，就什么都满足他。

要区分可以做的事和不能做的事、允许的事和不允许的事。理解孩子想法的同时，清楚地表明原则吧——"还想玩，对吧？不过我们必须得回去了。"

6.等待

对于忙碌的家长来说，这可能是最难的事。

我非常理解家长着急的心情，但在时间允许的情况下，请尽可能地等待孩子平复心情。

等一会儿，孩子就哭得没那么厉害了。这时，家长对孩子表示理解："刚刚还想玩，对吧？"或者跟他说："咱们回家玩××吧。"

想做但做不到的壁垒能培养孩子的自制力

孩子在眼前哇哇地哭喊，家长满心想让他快别哭了，为他撒泼而感到羞愧。

我也明白这种心情。但这里需要家长尽力忍耐，继续坚持定下的原则。只要时间和地点允许，就在孩子哭泣时等待、守护他。

孩子因要求得不到满足而哭泣，在这段时间里，他正在努力对想做的欲望和做不到的现实进行平衡。

"有想做的事，但是做不到"，孩子在这样的碰壁中，能学会区分"可以做的事和不能做的事"，也能明白事情不是总能顺心如意。碰壁时，在自己的欲望和现实的制约之间找到平衡。孩子不断积累这种经验，就能慢慢培养自制力。

自制力直接关系到前文谈到的自律。

自制力就像肌肉一样，不使用就得不到锻炼。这种力量不是成为大人就能一下子拥有的，而是在婴幼儿时期通过每天的积累获得的。

有了自制力，孩子就能在生活的各种场景中实现自我管控。"虽然还想玩，但是到洗澡时间了，把东西收拾起来。"上学之后，"写完作业再玩"……

此外，自制力还会促进孩子自主行动能力、"再试一下"的试错能力、"再来一次"的坚持能力、专心做事的专注力的生成。

家长毫不动摇地坚持原则，能帮助孩子自律。

怎么做都不行，束手无策时怎么办

即使把所有要点都做到了，事情有时也会不顺利。现实没有那么简单，有时候孩子会哇哇地大声哭闹。

我也是这样过来的，女儿处于"不要不要期"时，在商店、公园、马路中央、停车场、玄关前等地方都会哇哇地哭闹，拼命地想要传达自己的感受。

对于正面对着孩子"不要不要"的家长，我非常清楚你的心情，想必有时会想："我才想哭呢！"

孩子号啕大哭，家长手足无措，但是不能让他哭下去，怎么办呢？

在这种情况下，不管孩子多不情愿，家长都可以抱他离开。

但家长要稍微注意，跟孩子提前打个招呼。

本来孩子就"不要不要"地生气了，再突然把他抱起来，可能会进一步激怒他。

可以提前和孩子打个招呼。比如："抱歉，没时间了，让我抱一下啊""我要抱你了"……

别和孩子对立，要多多支持

一方面，在孩子的"不要不要期"，很多家长会如临大敌，经常感到烦恼和疲惫。另一方面，在这个时期，孩子正迅猛成长。"我想自己做，自己决定！但是，你得看着我。"这是孩子给家长的信息。

在这种情况下，家长不要把孩子当成累赘，和孩子对立；而要扮演支持孩子的角色，告诉他"我会为你学习自立加油的"。

家长这样做，不仅有利于孩子发展自尊心，还能给这个时期正迅猛成长的孩子提供支持。

总结

- 理解孩子感受的同时，清晰地表明原则。
- 不和孩子对立，而是成为孩子变革期的支持者。

明明自己能做到，却撒娇说"帮我做"
——依赖他人是实现自立的必要条件

孩子需要借助他人的力量成长

明明自己能做，却依赖家长，向家长撒娇："妈妈，你来！""我做不到！"

你的孩子会这样吗？

家长有时候会说："自己能做就自己做。"

正如前文所说，孩子成长的过程中重要的是自立和自律。自立，除了学会自己的事情自己做，还有一个要点，那就是遇到麻烦或自己做不到时能够向他人求助。

向他人求助能得到回应，向别人撒娇会被接纳，在 0～6 岁婴幼儿时期，孩子充分收获这种经验是十分重要的。

人类是无法长期独自生活的，肯定会有自己做不到的事，这时需要转而借助他人的力量。

正因为如此，为了生存下去，在婴幼儿时期，除了要培养"自己能做"的能力，还要培养"依赖他人"的能力、"向他人求助"的能力。

撒娇会被接纳，婴幼儿时期的孩子有了这种经验，就会觉得"我能得到帮助""我会被接纳"。

此外，这种经验会促使孩子获得"我可以依赖别人"的安全感，从而促使孩子换位思考，在别人需要帮助时伸出援手。

如何应对撒娇的孩子

那么，面对撒娇的孩子，家长该如何应对呢？要点有三个：

1.“我帮你”的立场

重点是，家长要站在“我帮你”的立场帮助孩子。

比如，明明可以自己穿袜子，孩子却说“不会穿”“你给我穿”。

这种时候，家长可以说“那今天我帮你吧”，把袜子撑开拿到他脚边。然后说“把脚放到里面”。事实上，就是帮孩子把脚伸进袜子里。

不是全部帮孩子做，说到底，还是让他靠自己的能力完成这件事。

还可以用这种方式——帮忙穿一只袜子，另一只让孩子自己穿：“这只妈妈帮你穿，那只你自己穿啊！”

2.引导孩子做出选择

家长要引导孩子做出选择。

还以帮孩子穿袜子为例："你想让我帮你穿哪只？""哪只你自己穿？"

孩子自己选择，可以培养自主选择能力。

人生就是一连串的选择，独立判断、选择的能力会越来越重要。长远来看，自主选择能力也会提高孩子的自立能力和自主思考能力。

3.理解孩子想撒娇的想法

孩子越小，越容易向家长撒娇："你多帮我一点儿。""你全帮我做了吧！"

而且，当孩子困了、累了、肚子饿了的时候，尤其会想撒娇依赖别人。

这时，家长不要完全无视或拒绝孩子的撒娇行为，而要适度接纳。

在一些情况下，家长也可以完全满足孩子。

当然，即使孩子大一点儿了，也还是会向家长撒娇求助。

这时，家长也要帮助他，不要推拒，比如："你已经5岁了，怎么还做不到？"

区分"撒娇"和"娇惯"

你可能会困惑：放任孩子撒娇，对孩子是不好的吧？

区分"撒娇"和"娇惯"，能消除你的疑虑。"撒娇"和"娇惯"乍看很相似，实际上完全不同。

● 撒娇

所谓撒娇，就是向信赖的人袒露自己的想法和要求。

明明可以自己穿袜子，孩子却说："我做不到！妈妈帮我穿！"

妈妈说："我会帮你的，但你也要配合我哟！"

● 娇惯

娇惯指的是家长抢先一步做或被孩子的要求牵着走。

明明孩子没要求，家长却主动帮孩子穿衣服："我会全都帮你穿好的！"

明明说好了不买零食，孩子偏说："买！买！"

且哇哇地大哭起来。家长只好答应："别哭了，给你买。"

孩子的发展，需要家长接纳他的"撒娇"；而"娇惯"会阻碍孩子自立。

孩子一直撒娇，会不会无法自立？这样的担心没有必要。

与其为了孩子的自立强迫孩子做事，不如理解孩子想撒娇的想法，给予帮助。孩子依赖家长或向家长撒娇时，家长一定要站在"我帮你"的立场，理解孩子的想法。

总结

- 0~6 岁婴幼儿时期，被允许撒娇、得到帮助的经验能促使孩子自立。
- 站在"我帮你"的立场帮助孩子。
- 在一些情况下，家长也可以满足孩子。

屡教不改
——告诉孩子不能做的事的诀窍

只用言语提醒，往往不奏效

一直和孩子说"不要乱扔玩具"，但孩子完全不理会。

在路上提醒孩子"不要乱跑"，但孩子完全不听。

吃饭时，叱责孩子"不要站起来"，但孩子总不改正。

想必各位家长都有过这样的经历吧？明明每天都在提醒孩子同样的事情，孩子却屡教不改。

为此，你十分焦急，感到不安："我要说几遍你才明白啊?！""到底什么时候你才能明白……"

这种时候，怎么做才能把你的想法传达给孩子呢?

告诉孩子不能做的事以及应该怎么做

怎样让孩子明白哪些事不能做、哪些事应该做呢? 家长要注意以下四个要点：

1.明确告诉孩子希望他做的事，演示给他看

这个要点是四个要点中最重要的。

婴幼儿时期的孩子还不能抽象地思考事物。

"住手！""不行！"家长这样禁止孩子做某些事，是无法让孩子明白哪些是真正重要的、家长希望他做的事的。只是禁止，孩子会迷惑地想"那该怎么办呢"，因而很难做出改变。

告诉孩子具体该做什么，或者在他面前演示，孩子就能知道自己应该做什么，更容易付诸行动。

● "不能跑！"→"这里很危险，我们要离开。牵着妈妈的手。"

● 在图书馆时："吵死了！乖一点儿！"→"大家都在看书，像我一样小声说话哟。"

● "脱下来的鞋子不要乱扔。"→"你看着，我现在要脱鞋了。"说完在玄关脱鞋，慢慢展示如何摆齐。

像这样，从粗暴式管教转变为温和地告诉孩子具体应该做什么，或者实际做给他看，孩子会更愿意遵从、配合。

2.看着孩子的眼睛表达

这是第二个要点。

并不是说每次说话都要看着孩子的眼睛，而是家长要等孩子准备好了再说话。

在孩子并不关心的情况下，家长即使说了想说的话，孩子也记不住。家长就会觉得："我都说了好几遍，你怎么不听！"花费了那么多精力，却看不到变化，家长会更加焦急。

为了避免这种情况发生，家长最好在进入正题前先做个铺垫。比如下面这样：

- "某某，那个……"先念孩子的名字再开始说话。
- "方便吗？""在你正忙的时候找你，抱歉啊。"做些铺垫再开始说话。

另外，在早上或傍晚比较忙碌时，家长有时会在远处不看着孩子就跟他说话。

这种时候，家长在说话前要先确认一下孩子是否已准备好倾听。只要做到这一点，传达的效果就会不一样。

3.不带情绪地表达

第三个要点是不要情绪化。

家长需要控制自己的情绪，不要在气头上说话。家长有时会情绪化地发火："你给我适可而止！""说多少遍你才明白！"但遗憾的是，孩子接收到的信息只有"妈妈生气了""爸爸生气了"。

实现自立需要的能力，不是"被家长提醒才做事"，而是"自主思考并行动"。

为了让孩子学会主动行动，家长不应该用提醒来驱使孩子行动，而应该放下情绪，冷静而具体地告诉孩子你希望他做的事。

针对孩子的行为，家长想立刻说些什么时，可以在说话前深呼吸一下，也可以选择暂时离开。

如果孩子就在眼前，家长往往很难冷静地提醒他。先离开那个地方，平复一下心情，或者想些其他事情。冷静下来，不要在气头上说。

4.反复演示

婴幼儿时期的孩子，正处于学习控制欲望、判断好坏并采取行动的高潮期。这个时期，孩子虽然还不能进行抽象思考，但已经具备了吸收力，因而非常擅长模仿。家长演示，孩子就会不断吸收，进行模仿。

但是，这个模仿不是一次就能做到的，孩子需要被反复告知。这是最后的要点。

对家长来说，这可能需要一点儿耐心，但家长这样做能帮助孩子成长，让他学会靠自己的双脚走下去。

总结

- 具体地告诉孩子希望他做的事，或者演示给他看。

- 先做铺垫再说话，让孩子做好倾听的准备。

- 注意冷静、平和地表达，不要在气头上说话。

- 反复演示很重要。

不由得想插手、多嘴
——优先培养孩子的自信

拿出把事情交给孩子做的勇气

为了不让孩子失败，你会未雨绸缪地干预孩子吗？

比如，孩子要往杯子里倒饮料时，你脱口而出："啊！会洒出来的，我帮你倒吧。"

孩子要用剪刀剪东西时，你马上干预："啊！危险！""一定要拿好这里。"

孩子把饮料弄洒了，或者没有用好剪刀，你就不依不饶："看吧，我就说……"

人的根基（人格、精神上的东西）是生存中不可缺少的。婴幼儿时期，正是打造根基的时期。

为了自立，孩子正处于努力做到各种事情的时期。

孩子没有家长的经验，也没有经历过失败。他做到的事虽然没什么了不起，但不断累积这种经验，得到家长认可，他就能渐渐像家长一样拥有各种能力。

孩子变得有能力的过程是混乱的，家长需要有无比的耐心，但这正是孩子走向自立的过程。

正因为如此，家长把事情交给孩子，让他自己经历是很重要的。

就算九成的事是家长帮忙做的，家长也要提升孩子"自己做到了"的满足感和成就感，培养他的自信心。

就算孩子把事情弄糟了，家长也尽量不要直接指出问题，更不要在孩子面前把事情重新做一遍，而要鼓励他勇于试错。

培养孩子的自信心并不难

那么，为了提升孩子"做到了"的成就感，培养他的自信心，家长要怎样和孩子相处呢？

有以下五个要点：

1.不露声色地帮孩子

孩子要想有所成就，首先，积累成功经验是很重要的。孩子从小就要积累"做到了"的经验，这个"做到了"的事可以是很小的事情。

在穿鞋、穿衣服等一个一个的具体动作上，也请家长不露声色地帮助孩子，让他感觉自己做到了。

比如穿衣服，家长可以帮孩子套上衣服，但将把头伸出领口的最后部分交给孩子。

这样一来，虽然大部分是家长帮忙的，但孩子自己完成收尾动作，"啪"地探出头，就已经很厉害了，会感受到"自己做到了！"。

2.帮助孩子自我纠正

在蒙氏教育中，失败也是有意义的，它正是孩子最大的成长机会。

为此，孩子需要自我纠正。比如，系扣子、玩拼图游戏中，家长即使比孩子更早发现了错误，也不要直接指出"啊，这错了"。

孩子自己发现错误，再尝试一次。这样，失败就能成为成功之母。

实际尝试，发现错误，自我纠正，成功。

重要的不是教孩子这个循环过程，而是让孩子自己去体会。

3.告诉孩子如何处理失败，并营造相应环境

在日常生活中，当孩子失败时，比如弄洒、打破东西，家长要演示具体的处理方法。

孩子不小心把水洒了，家长可以像下面这样演示给他们看：

• 演示如何用抹布擦拭洒出来的水；

• 演示如何清洗和拧干抹布；

• 告知孩子处理脏东西的方法。

而且，为了让孩子在下次遇到同样的失败时能自

已收拾残局，家长必须营造相应的环境，可以在孩子够得着的地方放置抹布。

4.想干预前数3秒

即便如此，当孩子在眼前犯错或失败时，家长还是想要插手、多嘴。

但什么事都不可能一开始就做好。孩子为了实现自立，正处于"反复试错—从失败中学习—最终成功"的过程中。

孩子正在培养"能独立做到了"的自信、可以犯错的安心感、想做的事可以做的满足感、发现错误的能力、犯错后再次尝试的能力。

正因为如此，当你忍不住想要叫停，或者想要插手、多嘴的时候，请在心中数3秒，稍等片刻！

有了这3秒，就可以防止对孩子进行多余的干涉，帮助孩子体验"做到了"的成就感。

5.简单地认可孩子

孩子能够自己做，高兴地说"做到了！"时，要简单地认可孩子的行为和努力，并对孩子的想法产生共情[①]，比如："你一个人完成的，很高兴吧！""爸爸看着呢！你很努力啊！"

如果不称赞孩子"了不起""好厉害""好孩子"，家长可能会感到差点儿意思。但夸奖的行为，可能潜藏着家长控制孩子的想法。

这样一来，孩子就有可能"为了得到家长的夸奖"而行动。

重要的不是孩子为了被家长夸奖而行动，而是孩子理解事物的本质，按照自己的意志和判断行动。

左等右等，孩子都不肯自己做怎么办

如果孩子非常谨慎，不愿挑战新事物，家长可能会催促他："行了，你先试试看。"

但是，这时候不用着急。

孩子不是单纯地不做，只是现在处于输入时期。

---

① 是指体验别人内心世界的能力。

孩子正用自己的吸收力拼命观察，并在内心储存怎样才能做到的信息。

孩子在确信"能做到"前，是不想行动的。

因此，千万不要催促孩子，要尊重孩子的节奏："你按自己节奏来就好了。"

而且，得到他人无条件的信任——"我认为你能做到"，孩子会涌现出自信和勇气。

孩子想做但不自信时，家长可以演示或者和孩子一起练习。

不干涉，保障孩子有自己做事的时间，并给予必要的支持。

家长这样做，能帮助孩子自立，增多孩子"做到了"的体验。这个过程，还有利于培养孩子的自我效能感及自信心、自尊心、靠自己努力的态度、失败后再次尝试的能力等。

总结

- 实际尝试，发现错误，自我纠正，成功。让孩子自己体验这个循环过程很重要。

- 不由得想制止孩子，或者想插手、多嘴时，试着在心中数3秒，稍等片刻。

专栏：孩子一直问"为什么"——兴趣、关心、疑问是学习的萌芽

孩子到了3岁左右，脑海中会浮现很多疑问："为什么？""怎么会？"……

这个时期是孩子的语言敏感期，他嘴巴动个不停，非常喜欢问问题，甚至让人怀疑他会不会没完没了地问下去。

作为父母，一方面为孩子的成长感到高兴，另一方面也会对回答接二连三的问题感到不耐烦，有时会

想简单敷衍过去："是啊，为什么呢？"

但是，孩子越来越多地向家长提问"为什么？""怎么会？"时，是正处于自主学习的萌芽阶段，且是为终身学习打基础的最佳时期。

在孩子的成长过程中，内心涌现的兴趣、关心、疑问等内在动机是不可或缺的。这种内在动机使孩子最大限度地关注事物，并沉浸其中。

在这个过程中，孩子可以获得新发现、犯错、试错，同时也能学会保持专注、体验满足感、培养执行力……

因此，当孩子感受到学习的乐趣、知识的喜悦及内心的充实时，就会产生"再体验一次"的想法。当对其他新事物产生兴趣时，他就会主动去尝试。

重复这个过程，孩子就会自然而然地主动做事并沉浸其中。这时，这种学习态度就会成为一种习惯。

"家长叫我做的""不做会被骂的""做了会得到奖励"——出于这样的外部动机做事，孩子的学习热情很难被激发。

内心涌现的动机，才是学习的原点。

第 3 章

如何提升孩子的日常生活能力

吃饭时离开座位、丢东西——如何愉快地教孩子用餐礼仪

吃饭的体验比吃饭本身更重要

孩子断奶后，家长会遇到如何教导孩子吃饭的烦恼。

有的孩子爱吃饭，而有的孩子不爱吃饭。

每位家长都希望孩子专心吃饭、好好吃饭，健康成长。

而现实是，孩子吃饭时丢东西、坐不住。各位家

长每到饭点都会筋疲力尽吧？

孩子要成长，吃饭必不可少。尤其是婴幼儿时期，孩子不仅要通过吃饭来补充营养，体会和喜欢的人在一起吃饭的快乐，还要体会感官（味道、气味、口感等）带来的愉悦、填饱肚子的满足感等。这些都非常重要。

正因为如此，家长希望孩子能在愉快、平静的氛围中吃饭。

为了孩子能在愉快的氛围里掌握用餐礼仪，家长可以做些什么呢？

为孩子营造能安心吃饭的环境

对孩子来说，脚不着地会让自己感到不安和不适。因此，孩子会想从椅子上站起来或者想跪坐。

为了让孩子能安心吃饭，椅子要选择适合孩子身高的，高度要调节成能让孩子双脚踏在地面或椅子脚踏上的高度。

　　孩子在快速成长，家长要不时检查椅子的高度是否合适。

　　如果是矮椅子，推荐使用孩子用力推也不容易移动、稍微重一点儿的椅子；如果是高椅子，如配有安全带，坐时最好系上，防止孩子跌落。

　　考虑孩子使用的工具是否适合他们，其实是帮助孩子自立的重要因素。

　　还有，如果从座位上能清楚地看到玩具，孩子就会忍不住想去玩或去拿。

　　因此，也可以让孩子的座位背对游戏区。

　　另外，如果开着电视，孩子注意力就会被分散，无法专心吃饭。婴幼儿时期尤其需要控制看电视的时间，吃饭的时候请关闭电视机。

　　为孩子营造能安心吃饭的环境，有以下四个要点：

　　1.贯彻坐着吃的原则

　　如前文所述，处于运动敏感期的孩子非常渴望活动。有时，家长可能会对孩子的躁动束手无策。整体把握"孩子现在处于这个时期"，就能积极地看待孩子的行为。

但这并不意味着孩子什么都可以做。有必要划清"可以做的事"和"不能做的事"的界限。

吃饭时孩子离开座位去玩，自始至终，家长都要告诉他："吃饭的时候要坐下。"

这里很重要的一点是，不要追到孩子玩耍的地方喂饭。追着喂饭，孩子会吸收这样的信息：就算跑去玩了，也能吃饭。

本来，家长希望孩子吸收"坐在位子上吃饭"的信息，但他吸收进的信息却完全相反。

孩子离开座位时，家长要告诉他："吃饭的时候要坐着哟，坐到这里吧。"孩子能自己回来，家长就等待。

怎么等孩子都不回，家长就要去孩子所在的地方，对他说"回到座位上吧"，和他一起回来，或者抱着他回来。

2.规定吃饭的最长时间

吃饭时间过长，注意力会分散，还会刺激饱腹中枢，越来越吃不进去。如果吃饭时间超过30分钟，家长就要说"这是最后一口""最后吃这个吧"，结束吃饭。家长也不希望孩子吃饭拖拖拉拉的。

3.反复说明如何使用物品

孩子吃饭时还会丢东西吧？有的孩子发现，只要松手，手里的东西就会掉下来，于是开心地松开手；大一点儿的孩子，会因为想看家长的反应而反复丢东西。

这种时候，家长要反复告诉孩子物品如何使用："这是勺子，勺子是这样用的。"

4.用玩具和活动满足孩子欲望

还有一个办法是：让孩子在活动中满足想丢东西的欲望。例如，准备向有洞的箱子里扔球或珠子的活动，能满足孩子的这一欲望。

如果孩子为了观察家长的反应而故意把东西丢在地上，家长不要有太大的反应，先离开那里，或者简单地告诉他"捡起来哟"。

当孩子丢东西是为了让家长烦恼或者生气时，家长无须回应。

坐下来吃饭，使用勺子和叉子，不要弄掉食物，这些说一次，孩子不能迅速学会。

但只要家长贯彻原则并灵活应对，孩子就能慢慢学会坐在位子上吃饭。耐心、不放弃地反复告诉他们吧。

总结

- 为孩子营造能安心吃饭的环境。
- 理解孩子正处于运动敏感期。
- 贯彻坐着吃的原则。
- 在游戏中满足孩子丢东西的欲望。

抗拒刷牙
——在消除抗拒心理、养成刷牙习惯上下功夫

被迫刷牙是一件痛苦的事

孩子不喜欢刷牙，总不让家长给他刷牙。

家长首先要理解，嘴是人类非常敏感的部位。被迫把东西塞进嘴里绝对不是一件舒服的事。

希望家长能明白：对孩子来说，按家长的节奏被强制刷牙，是非常痛苦的事情。

那么，为了让孩子养成刷牙的习惯，家长能做些什么呢？有四个要点：

1.把饭后刷牙当成日程

从孩子长牙开始，就让孩子习惯吃完饭叼牙刷。几秒钟就好，吃完饭让孩子自己把牙刷叼在嘴里。

每次吃完饭都这样做，孩子就会养成吃完东西就刷牙的习惯。

千万不要强迫，如果孩子不愿意，就耐心等待。

为了防止孩子卡喉，最好选择短柄或带有防卡喉挡片的牙刷。

播放着孩子喜欢的歌曲，让他刷牙；一边讲解刷牙的好处和做法，一边让他刷牙："要刷上面的牙了！污渍都刷干净哟。"这都是不错的选择。

2.通过镜子给孩子演示如何刷牙

因为家长已经了解"口腔是什么构造""牙齿是什么构造"，所以很自然地就能知道刷牙是怎么一回事。

然而，孩子刷牙时，还无法想象自己的嘴巴里发生了什么，就会更加害怕，感到不舒服，从而抗拒刷牙。

推荐大家准备一面镜子。孩子到 1 岁半左右，能知道镜子里的人是自己了，就在孩子方便看到的地方准备一面镜子。

然后，在镜子前，一起看着孩子的牙齿，对孩子说："看！要刷这里的牙了。"这样，孩子就知道自己的嘴里发生了什么，从而感到安心。

孩子年龄再大一点儿后，可以和孩子一起坐在镜子前，家长拿着家长的牙刷，孩子拿着孩子的牙刷，家长通过镜子慢慢给孩子演示如何刷牙。这样，孩子就能知道刷牙的方法，自己学会刷牙。

3. 告诉孩子刷牙的必要性

另外，家长还可以和孩子一起看绘本或图鉴，讨论牙齿的构造以及不刷牙的后果。

为了让孩子认识到刷牙的必要性，有时也需要基于真实事例，告诉孩子不刷牙的风险（如蛀牙）。

4. 要有耐心，不要着急

"为了预防蛀牙，一定得好好刷牙"，家长抱着这样的想法，有时即使孩子哭喊着不愿意，也会硬按着孩子给他刷牙。作为父母，他们会想：不这样做，孩子就不肯刷牙……

但是，如果孩子因此变得讨厌刷牙就得不偿失了。在刷牙成为习惯前，每次刷牙可能都需要很长时间。但家长不要逼迫孩子，可以为孩子准备一面镜子、在孩子刷牙时唱着歌或和孩子一起刷牙……尝试各种方法，并等待孩子主动刷牙。

有时，孩子精力耗尽，没刷牙就睡着了。偶尔这样也没关系，家长可以在孩子睡着后用湿纱布擦拭孩子的牙齿，或者用牙刷轻轻刷孩子的牙齿。

刷牙不是"被强迫的事"，真正目的是"让牙齿干净"。为了让孩子认识到这一点，需要时间和毅力。家长要多一些耐心。

总结

- 养成饭后刷牙的习惯。

- 对孩子来说，嘴里被强行塞东西或被用很大的力气刷牙是很痛苦的事情。

- 准备一面镜子，让孩子看到刷牙的过程。

- 用形象的教材介绍刷牙的作用和蛀牙的危害。

不想自己穿衣服
——先找到原因，再帮助孩子

孩子为什么不想自己穿衣服

孩子到了1岁半左右，什么事都想自己做！

孩子想做，就是现在为了做到这件事，产生了能量。想做，正是做到的机会！

相反地，让他做自己不想做的事情是非常困难的。

孩子不想自己穿衣服，可能有以下原因：

• 认为应该由家长来做。

• 不知道怎么做。

• 很难单凭自己的力量穿好。

那么，基于这些原因，为了让孩子学会自己穿衣服，家长应该做些什么呢？

家长要注意以下三点：

1.把孩子能做的事情交给他

孩子还不能自己穿衣服的时候，家长会全部帮他穿好。

实际上，从那时起，让孩子参与进来就是关键。因为孩子什么都不会，家长就机械地把所有事情都利索地做完了，那孩子只要待在那里就能穿好衣服。

但重要的是，家长要保证孩子能参与进来，让孩子把穿衣服当成自己的事。

比如，穿裤子时，家长不要帮孩子全部完成，而是在孩子把脚伸出裤腿的最后阶段，和孩子说"能把脚伸出来吗？"，并等待。

或者把裤口撑开，让孩子把脚伸进裤子里："把脚伸进这里。"

家长不要把所有事情都做了，要根据孩子的发育程度，把孩子能做的那部分交给孩子，这能帮助孩子生活自理。

这样一来，在孩子看来，老老实实等家长做，一下子就结束了的"别人的事"就会变成在家长的帮助下完成的"自己的事"。

生活自理，关键在于如何让孩子把事情看作自己的事。

2.速度降低70%~80%演示

孩子自己想做，但不知道怎么做，无法实行。

这种时候，要单独拎出某个部分，比如把穿T恤的动作拎出，速度降低70%~80%，缓慢穿给孩子看。

怎么穿T恤，怎么穿裤子，怎么穿袜子……家长一定要用自己的衣服示范给孩子看。

反复演示，孩子就能吸收"原来是这么做的！"，并把吸收的东西转换为独立做事的能力。

3.选择孩子能自己穿的衣服

有时候，孩子不想做的原因在于衣服。

孩子的握力和臂力比家长的小得多，让身体按照自己想法活动的力量还不够强。

而且，孩子还处于认识自己的身体的阶段，无法像家长那样轻松自如地活动身体。

例如，没有弹性、背部有扣子的衬衫，孩子不仅难以将手臂伸进去，没有家长的帮助也无法扣扣子。

还有，领口很紧的T恤，即使孩子想把头伸出衣服，孩子的力量也拉不动衣服。另外，非常紧身的牛仔裤，靠孩子的力量是很难穿上的，而且根本无法把脚伸出裤腿。

这些例子中，衣服都阻碍了孩子独立做事的意愿。

当然，这样的衣服并不是完全不能给孩子穿。看到可爱的衣服，家长就会想象自己的孩子穿上是什么样子，非常兴奋。这种心情我十分理解。

只是，尤其是在孩子想自己做事的时期，选择弹性好、孩子能独立穿的衣服，会对孩子自己穿衣服有很大的帮助。

想自己做时是获得成就感的最佳机会

孩子精力充沛地想自己做，如果因为衣服太难穿导致孩子做不到，那就太可惜了。

如果"想做"的能量转化为成就感，那么孩子不仅能感受到满足和充实，还能体会到自信和自我效能感。

需要家长帮忙才能穿的衣服，可以放在假日外出时穿，平时就选孩子自己容易穿的衣服。保持这样的平衡，同时要重视帮助孩子获得成就感，营造好孩子可以自己穿衣服的环境。

总结

●不要按照家长的节奏把事情做完，为了让孩子把它当作自己的事，把孩子能参与的部分交给他，让他自己去做。

●速度降低70%~80%，演示穿法和脱法。

●家长要注意准备好的衣服是否能帮助孩子获得成就感。

不收拾玩过的玩具
——以身作则，培养孩子的整理能力

让孩子学会整理的有效方式

很多家长都有这样的烦恼：孩子玩够了，却不收拾玩具。

怎么办呢？家长要营造孩子能整理的环境，使孩子养成整理的习惯。这样最有效，也最能提升孩子的能力。

让孩子学会整理，有五个要点：

1.严格控制物品数量

观察孩子，把孩子最近不用的东西收起来。只拿出现在孩子需要的东西，严格控制物品的数量。物品多而杂乱，孩子很难马上找到想用的东西，也就很难决定玩哪个。

从众多选项中选择一个，需要意志力。

但孩子还正在发展意志力。运用不成熟的意志力选择事物时，选项越少越容易做出选择。

另外，正如第1章中所说，0~4岁是秩序敏感期。因此，如果突然改变所有东西，孩子就会感到不安，会觉得"没有我的东西了"。

营造环境时，不能一次性全部改变，而要收起几个不用的东西，或者用新的物品来替换。

孩子长到一定的年龄，可以和孩子一起商量，决定要收起哪个。

2.规定物品摆放位置

严格挑选好玩具后，最好把玩具逐一仔细地摆放到固定的位置。这样不仅可以保持整洁，孩子也更容易明白应该把东西收到哪里，有助于提高孩子的整理能力。

而且，不要把玩具杂乱无序地放进一个篮子里，而要一个一个地排列整齐，这也能促使孩子认真对待物品。

如果篮子里有很多玩具，拿出想玩的玩具，就必须把上面的几个玩具都拿出来。

这时，孩子的目的是把想玩的玩具拿出来，因此就不会注意其他的玩具，从而导致他们就像要把上面的玩具都扔出来一样。

看到孩子这样，家长会想说"会坏的""要小心使用"。

但孩子还很难同时注意各种事情，"拿出想玩的玩具"就无法同时注意"珍爱其他玩具"。

把玩具逐个放在架子上可以解决这个问题。改变环境，而不是改变孩子，孩子才会发生改变。

3.用完东西放回原处，再拿下一件

例如，孩子正在玩裁纸。过了一会儿，他对拼图产生兴趣，裁纸玩到一半又开始玩拼图……

在这种情况下，家长需要制定规则——把用过的东西收拾好，再拿下一个，让孩子养成习惯。

首先，确认孩子裁纸是否结束了。结束的话，就对孩子说"把工具收拾好再玩拼图吧"，看着孩子收拾，或者帮助孩子一起收拾。

但是，如果孩子沉迷于拼图，跟他说话他也听不见——尤其是 1～2 岁的孩子，他们对"现在"做的事情会非常投入，刚才的东西不玩了就会忘掉——这时家长千万别急，等孩子正在做的事告一段落，回过神时，再对孩子说"把裁纸工具收拾一下吧"，让他把先前的事回忆起来。

当然，当他做完后高兴地说"我拼完啦！"时，家长要先表示理解他的心情。

如果对孩子说话，他完全没有反应，家长可以想办法让孩子更容易行动起来。例如，不是光说话，而是把希望孩子放回架子的东西带到孩子面前，直接递给他，说："把这本书放回书架哟。"这样孩子更容易行动。

4.在每个行动节点收拾

拿出来的玩具就那样放着，不知不觉间，房间里满是玩具。这样，孩子也不知道该从哪儿开始整理。

这种时候，要让孩子养成在每个行动节点收拾的习惯。

例如，可以制定规则：出门、吃饭、洗澡前，只要行动发生改变就整理一次。

这样，孩子一个行动结束，开始下一个行动前，就会很自然地把用过的东西放回原处，主动收拾好。

孩子4岁以后，有时会不想把东西放回原位，还想继续玩。

这种时候，为了让孩子可以自主思考并行动，每个家庭可以制定自己的规则：可以留下想要继续玩的东西待会儿再收拾，也可以确定一个收纳点放置想接着玩的东西……

5.家长示范整理

孩子不可能一开始就会自己收拾。

　　家长要先做示范，可以展示如何收拾，也可以和他一起收拾，用行动告诉他收拾东西是怎么一回事。

　　在孩子具备整理能力前，家长可以帮忙，并把最后的部分交给孩子，让他感觉自己可以收拾东西了。

养成整理习惯很重要

　　营造环境，让整理变成每天的习惯，这样孩子自然就能学会整理。家长没有必要焦虑。

　　而且，对家长很认真地对待物品、整理使用过的东西的这些行为，孩子看似没有关心，实际上他在认真地观察，并吸收进自己体内。

　　日常生活中，家长自然地收拾东西有利于培养孩子的整理能力。

总结

●严格控制物品数量，逐一仔细地摆放到架子上。

●制定规则：把用过的东西收拾好，再拿下一个。和孩子交流，让他主动去收拾。

●家长和孩子一起收拾东西，展示家长收拾东西的样子，让孩子可以吸收这些信息。

专栏：蒙氏教育如何选择玩具和绘本

重视真实

蒙氏教育非常重视真实（现实）。

如果要切食物，不用过家家的塑料工具或木制食材，而用真正的削皮器和菜刀，切真正的蔬菜、水果。

其他活动也选择更接近真实（现实）的东西，不用玩具。益智游戏的内容、绘本也是如此。

选择标准

玩具和绘本的选择标准是符合现实。

例如，绘本中可能会有熊穿着衣服，用叉子和勺子吃饭的内容。

虽然有人认为这种幻想才是绘本的精髓和乐趣，但在蒙氏教育思想中，婴幼儿时期的主要任务是适应自己现在所处的世界，因此应该有意识地选择符合现实的绘本。

3～6岁，孩子逐渐能明白"现实"和"幻想"的区别，享受幻想的乐趣。

即便如此，在3～6岁，孩子还不能清楚地区分这是真的、有可能发生在现实世界的，还是虚构的，因此家长最好还是有意识地选择内容符合现实的绘本。

玩具和绘本的收纳窍门

蒙氏教育将玩具按活动区域分类，放入托盘或篮子里，再整理摆放在架子上。

这样做，能满足孩子"现在就做"的想法。

婴幼儿时期，孩子在"去那边拿那个，这边拿这个"的过程中会忘记自己想做的事情。

把要用的东西统一整理放在托盘或篮子里，能防止这样的情况发生，帮助孩子实现想做的事。

而且，这能降低整理的难度，孩子只要把物品放进托盘或篮子，再放回架子上就可以了。

不能遵守约定
——如何和孩子成功约定

为什么孩子不能遵守约定

即使和孩子约定"今天不买零食哟""结束后收拾吧""接下来要安静哟",可真到那个时候,这些约定都被孩子置之脑后。

约定的事作废,家长也许会忍不住说:"刚才不是约好了吗?""为什么不能遵守约定?"

为什么孩子不能遵守约定呢?

　　孩子绝对不是故意违背约定的，不能遵守约定是因为婴幼儿时期（特别是0～3岁）的孩子活在"现在"。

　　他不会像家长那样，考虑未来和过去的事情，想着"回去后一定要做××""当时要是那样做就好了"。他经常考虑此时、此地的事情。年龄越小，这个现象越明显。

　　因此，即使约定"今天不买零食哟"，孩子当下答应"好的"，但一到超市看到零食，满脑子都是"想要零食！"，过去的约定早就被置之脑后。

　　这并不能说明孩子不守信用，只是因为孩子正处于这样的时期。

　　为了让孩子能够遵守约定，家长需要怎么做呢？建议大家注意以下五个要点：

　　1.行动前告知

　　例如，在买东西前，和孩子约定今天不买零食。首先在出门前，家长要告诉孩子今天去超市买什么。告诉孩子"今天要去买食材哟"，然后告诉他今天不买零食。

这个时候，即使家长认为自己说了，孩子也有可能没听进去，因此看着孩子的眼睛说话吧。这样，孩子更容易听明白。

2.事前再次确认

到了超市，进店前再确认一次。

这是关键。因为刚才约定的事情，对孩子来说很可能已经成为过去的事情，所以现在再确认一次，孩子就能回想起出门时家长说过的话。

像这样，不是只说一次，而是分阶段进行确认，孩子就不会把约定的内容当作过去的事忘掉，现在也能回想起来。

但是等到零食出现在孩子眼前，约定有可能就会被欲望打败，因此要在进超市之前（看到零食之前）再次和孩子确认，孩子就能冷静地重新回忆起约定。

3.撒娇也要贯彻约定

真的到了那个地方，孩子想要买，就再次确认约定"说好今天不买了哟"。就算孩子撒娇，也要坚持原来的约定。

4.遵守约定就简单认可孩子的行为

孩子遵守约定时，简单地认可孩子的行为很重要。

这时，没有必要极力夸赞孩子，给他戴高帽："好孩子！""遵守约定真了不起！"遵守约定的孩子不等于是好孩子、了不起的孩子，遵守约定只是方便了家长。

"谢谢你遵守约定""你虽然很想买，但还是忍住了呀"，简单认可孩子的行为。

5.家长做遵守约定的榜样

最后还有很重要的一点：家长要遵守约定。

你是否会为了糊弄孩子，随意地对孩子许下诺言："待会给你做""下次吧"？

实际上，后来孩子忘记了，不提要求了，于是家长就当这件事没发生过："算了吧。"或许有人有这样的经历。

在这种情况下，即使孩子忘记了，家长也要做履行约定的榜样："刚才说过待会儿再帮你做，现在就做吧。"

"妈妈会遵守约定""爸爸绝对会记得"，这样做不仅能培养亲子间的信任，还能让孩子吸收：遵守约定是再正常不过的事情。

无论怎样用语言告诉孩子"要遵守约定哟"，如果家长有不遵守约定的表现，孩子就会感受到言语和行动之间的矛盾。

而且，比起语言，孩子相信并吸收的是行动。

正因为如此，家长自然地遵守约定是很重要的。

逐步积累遵守约定的经验

孩子不是一下子就能遵守约定的，而是随着控制欲望的意志力和记住约定的记忆力的发展，慢慢才能做到。

在孩子2岁半左右，开始有意识地做一些事情时，家长可以和他们做一些小约定。（当然，每个人的情况不一样。）

例如，进入玄关前，约定"到家后一起洗手

哟"；要走车辆较多的道路前，约定"现在开始手牵手走哟"。最好约定马上就能做的事。

　　孩子没有忘记这些小小的约定，并付诸实践，这能促使孩子获得"做到了"的成功体验。

　　让孩子逐步积累遵守约定的经验吧。

不训斥，不惩罚

　　即使孩子没有遵守约定，也没有必要训斥他或生气。

　　婴幼儿时期，孩子还正处于培养意志力的阶段。随着意志力的发展，孩子会逐渐变得自律，自觉遵守约定和规则。

　　因为怕家长骂，所以遵守约定；只在家长看着的时候遵守约定……这种表面上的自律不可取。家长应该让孩子感受到自律的必要性，让他自己判断并约束自己。

　　因此，长远来看，要从小事情入手，让孩子自觉地自律。

总结

- 0~3岁时期，并不是孩子不遵守约定，而是孩子处于这样的发展阶段。

- 到了2岁半左右，试着和孩子约定马上就能做的事。

- 对约定的内容，分几个阶段确认，让孩子能回忆起来。

- 孩子遵守了约定，不要过分称赞，简单地认可他的行为即可。

无法保持专注
——其实孩子很专注，只是家长没有注意到

孩子从出生起就开始专注

看到孩子无法专注地做一件事，容易分心或难以集中注意力，你是否会感到头疼："该怎么办呢？"

或许有人觉得，孩子只有到了某个年龄才会开始专注。

事实上，从出生起，孩子就开始沉浸在事情中了。

诞生在这个未知的世界，从家长身上得到安心感和信赖感——"我的行为能得到反馈""自己能被接纳"；体验到别人对自己感兴趣——"总是被别人注意"。这都会使孩子对外界（周围的人和物）产生兴趣。

这样一来，孩子就会去接触感兴趣的东西，并投入地探索"这是什么"。

专注力不是家长强迫得来的

蒙氏教育认为专注很重要。

但是，专注力是孩子内部自然产生的，不是家长强迫而产生的。过于重视专注力，对心神不定的孩子感到焦虑，强迫他们专注，这是本末倒置。

即使是家长，有时候可以专注于工作和兴趣，但有时候也会觉得某天状态不佳吧。

只有食欲、睡眠等基本欲望充分得到满足，在感到安心的地方遇到感兴趣或关心的事物，才能专注。

"只要给孩子营造好的环境，无论何时他们都能集中注意力！"如果被这样的想法束缚，家长就会觉得不专心的孩子是没用的孩子。

孩子获得专注力也需要时机，也许现在只能专注几分钟，也许几天才能专注一次。

尤其是 0 ~ 2 岁的孩子，年龄还小，不可能长时间在所有的事情上都保持专注。他们正处于培养意志力的过程中，即使正在做什么事，如果突然看到了什么新东西，他们的身体也会一下子被吸引过去。

孩子不停地改变做的事情，乍一看可能完全不专注，但请理解：孩子现在正处于这样的时期。

关注孩子生活中专注的样子

另外，孩子不仅仅是在桌椅或地板上进行家长准备的活动时才能保持专注。

在生活中，与孩子日常相处时，你是否看到过这样的情景：

- 一到公园就会发现并收集很多石头。

- 拼命地堆高积木，不让积木倒下。

- 竭力扣妈妈睡衣的扣子。

- 目不转睛地盯着绘本，听爸爸读。

- 一个人默默地看图鉴。

- 为了学会骑自行车，摔倒了也继续练习。

如此种种，不胜枚举。

家长可能忽略了，其实生活中很多时候，孩子会很投入或专注地做事。

如果家长希望孩子专注的事和实际孩子专注的事不匹配，家长就可能会无法认定孩子专注，容易认为孩子不专心。

但是，试着打开视野。

这样，家长可能会发现以前忽略的、孩子在生活中所热衷的事。

那么，让家长来看看培养专注力的三个要点：

1.孩子专注时不要打扰

培养专注力，最重要的就是不要在孩子专注时打扰孩子。

当孩子做某件事的时候，家长会忍不住想和孩子说话："你在做××吗？""做好了吗？""这里是这样做哟。"……

切忌打扰。在孩子专注的时候和他说话，孩子专注的弦就会"啪"地断裂。

如果觉得孩子很投入，在孩子主动说话前不要跟他说话。

快要吃饭或出门时，家长要尽最大可能等待孩子。时间到了，可以在孩子方便的时候喊他。

随着孩子年龄增长，家长可以提前告诉他，让他有所准备。比如："再过一会儿就要出门了，现在做的话可能做不完啦。""手表的指针指到6，就吃饭哟。"……

2.营造能实现"想做"的环境

你有过这样的经历吗：孩子很安静，走过去一看，发现他正从妈妈的包里拿出钱包玩……

乍一看，觉得孩子在淘气，其实，在这段安静的时间里，孩子很专注。

那么，这种时候，家长应该怎么做呢？

在这种情况下，家长需要准备能够实现"想做"的环境。家长之所以认为孩子在淘气，是因为孩子碰了家长不想被碰的东西。比如，拿出妈妈包里的物品，拽掉桌子上的东西……

这种时候，不要只是制止孩子，可以在孩子活动区准备能自由拿放或拉拽的物品，递给他替代品——"那是妈妈的东西，不能拿，你拿这个。"

这样也能保障孩子从小就能投入事情中。

3.观察孩子，寻找稍微挑战就能做到的合适目标

另外，孩子无法专注于过于简单的事。

有些事情，只有稍加努力才能完成。处理这样的事情时，孩子会更加专注。

"啊，这个不对。""那这样做吧。""咦？这个也不行。""这个？""啊，成功了！"反复试错，不断尝试，在这个过程中会产生专注力。

培养孩子的专注力，关键在于家长平时要留心

观察孩子。看看孩子现在对什么事感兴趣，喜欢什么事。

然后，一边寻找孩子稍微挑战就能做到的合适目标，一边准备孩子感兴趣的东西让他们体验。

这样反复积累，有助于孩子发展专注力。

专注力是通过每天的积累获得的

正如我在前文所说，专注力不是一朝一夕就能养成的。每天不断积累经验，才能慢慢获得。

即使孩子现在不能专注，也不用着急。

孩子遇到能完成自己想做的事的环境，或者接触到自己感兴趣的事物时，一定会非常投入，甚至专注到听不见家长说话。

关注孩子每一次专注的样子，同时一定要等待孩子主动专注的那一刻。

而且，孩子看到家长投入、专注地做某件事时，也会学习家长做事的态度。

等孩子到了一定的年龄，在孩子做事时，家长也可以在附近，专注地做自己喜欢、想做的事，和孩子分享这段时光。

总结

- 专注的旅程从出生就开始了。
- 重视在生活中忽略的、孩子专注的姿态。
- 孩子专注时，一直守护他，不要和他说话。
- 孩子看到家长专注的样子，能学习做事的态度。

专栏：孩子该如何和动画片相处

设定看动画片的限制

孩子在看动画片的时候，你要结束，孩子会不会哭闹"还想看""再看一点儿"？

怎样做才是对孩子好？有时候家长会迷茫。

其实，孩子到了一定年龄，能从动画片中学到东西。不能一概地认为"动画片=消极"，但为了孩子的成长，家长还是需要设定限制。

首先，不要让2岁以下的孩子主动看动画片。3岁以后，也要设定节点，有限度地让孩子看动画片。

与其说孩子是在专注地看动画片，不如说他只是眼睛离不开移动的物体。年龄越小越是这样。

孩子看动画片时，可能显得很专心，家长不想打扰他。但这个时候，家长不该默默地守护，而应该和孩子交谈，分享感受。

尽量不要让孩子一个人看

在0~6岁的婴幼儿时期，自主接触环境（事物和人）、充分使用五感去感受，这对孩子身体和情感发展至关重要。

出于这个原因，家长应该尽量减少孩子一个人被动地看动画片的时间。

当然，在繁忙的傍晚，有些父母只有一个人照看孩子，对他们来说，动画片帮了大忙，他们可以在这段时间做家务。

这种时候，即使不能和孩子待在一个地方，也不要让孩子一个人看。和孩子一起看动画片，和他说话，比如"××出来了呀"，或者跟着播放的音乐和他一起唱歌、跳舞，分享这段时光。

语言是孩子要使用一生的东西，而婴幼儿时期是习得语言的重要时期。

语言是通过与人交流，捕捉各式各样的信息习得的。为了让孩子获得丰富的词汇，家长也要有意识地减少孩子被动观看动画片的次数，多和他进行亲子对话。

不看的时候关掉

为了避免孩子长大后也习惯长时间看电视，不要一直开着电视，必须有所控制，看的时候打开，看完之后关掉。

如果一直开着电视，孩子的注意力就会不自觉转移到那里，吃饭的节奏变慢，做事做到一半分心，无法集中注意力。

为了让孩子发展独立性、思考能力、专注力，家长要张弛有度地把控孩子看动画片的时间。

巧妙利用动画片

孩子到了一定年龄，可以从动画片中学到知识。

例如，如果孩子疑惑"为什么会变成这样？""是怎么做到的？"，而现实中又很难向他展示具体事物，在这种时候，建议家长和孩子一起观看动画片。

但这时，很重要的一点是：家长进行解说并一起观看。

家长要遵循原则：不要把解决疑问的事完全交给孩子，也不要让孩子解决疑问后继续观看动画片。

第 4 章

在与人交往和语言使用上令人担心的事

遇到讨厌的事就打人、咬人
——让孩子用语言传达感情

孩子身上发生了什么

遇到不顺心、讨厌的事，孩子不用语言表达，而是突然打人或咬人……

很多家长对孩子的这种行为感到不安吧？

孩子年龄越小，越难以用语言表达自己的想法，转而用肢体行动代替语言表达。

虽然孩子能很好地理解对方说的话，也明白一些词语，但还是无法顺畅地表达出来……

这份焦急会导致孩子有时会用说话的嘴做出咬人的行为。

孩子并不是无缘无故地打人或咬人，而是因为感到焦急：无法顺利地把自己的想法表达出来。

就算孩子不是故意的，不管抱有怎样的想法，都不能伤害人或物品。当然，也不能伤害自己。

那么，面对这种情况，家长应该做什么呢？

请注意以下三个要点：

1.用身体来制止

孩子打人、咬人的时候，首先，家长要用身体制止这种行为。

不仅要用语言制止——"不能打人哟""不要咬人哟"，还要用身体制止，比如握住他打人的手，捂住他咬人的嘴。

2.简单地表明原则

然后，一边用语言告诉孩子不能打人、咬人，一边明确表示原则：这是不能做的事情。

　　这时，关键在于简单、清楚、直白地表明原则。

　　"这个不可以吧！这很痛的。你看，变成这样了。××也不喜欢被这样对待吧？快，道歉。不许再打人了！明白了吗？好吗？"如果连珠炮似的说个不停，孩子就会不知道自己哪里被批评了，最后也不明白什么最重要。

　　3.替孩子表达感受

　　明确地表明原则后，家长可以替孩子表达感受。

　　打人、咬人绝对不是好的方法，但孩子一定有这样做的理由。让家长帮孩子说出他的理由和感受，比如，"你很想玩这个玩具吧""你不喜欢被别人插队吧"……

　　这样做，不仅能让孩子产生"得到理解了"的安心感，还能让孩子认识自己的感受。

　　但有时，家长也不知道孩子为什么会打人或咬人。家长不可能一天到晚都看着孩子，他们会和别人说话，或者正看着其他孩子。即使看着孩子，事情也有可能突然发生。

这种时候，家长先对孩子的感受表示理解："你不喜欢对吧？"然后可以询问孩子："能告诉我你不喜欢什么吗？"或者向孩子确认自己对情况的判断推测："你不喜欢这个被拿走吗？"

能替孩子表达他的理由和感受是最好的。但即使不知道真相，家长努力理解孩子的姿态也能让孩子的心平静下来。而且，家长关心并努力理解自己的样子能让孩子感受到"我值得被认真对待"。

告诉孩子具体的语言表达方式

为了让孩子明白可以做和不能做的事，自主思考并采取行动，家长需要表明原则——"不能打人哟"，并替孩子表达感受。但这还没有结束，接下来的做法才是最重要的。

那就是，告诉他具体的语言表达方式。

"这种时候，要说'借我一下吧'。"

"这种时候，就说'不要插队'。"

用语言具体地、慢慢地、清楚地告诉他。家长要注意告诉孩子时不要说"这种时候，要说借我吧"，而是要说"这种时候，要说'借我吧'"。强调孩子说的部分，孩子就更容易理解。

家长希望孩子用语言表达出来，就和孩子说："不要打人，要说话！"但家长会发现，很多时候自己并没有告诉孩子具体的表达方式，因此请家长注意这一点。

在各种情景下，每次家长都要告诉孩子具体的表达方式："这种时候，要这么说哟。"孩子就会把自己的感受和语言表达方式联系起来。这样一来，孩子就能慢慢学会用恰当的语言表达自己的想法。

放下急躁和不安

看到自己的孩子动手，作为父母，内心一定会很不平静，思考很多：为什么动手？是不是有什么压力？……

也许还会因为急躁和担心，情绪化地发火、责骂孩子。

当然，家长必须用认真的表情告诉他：打人、咬人是不能做的事情。

但是，家长情绪化地发火或责骂，给孩子留下最深的印象就是"爸爸妈妈生气了"。真正最想要传达给孩子的"不能打人"和如何具体表达，孩子反而没有接收到。

因此，家长要暂时放下急躁、担心、焦急等情绪，然后再冷静而认真地表达自己想说的话。

孩子对爸爸妈妈动手时怎么办

我想也有这种情况：孩子不对朋友，而对父母动手。

这种时候，不要强忍疼痛，可以诚实说出自己的感受："好痛！""这让我很难过。"

还需要注意，孩子做了不能做的事时，家长即使快要笑出来，也要忍住笑认真表达。

孩子打人或咬人的时候，家长如果半开玩笑地笑着回应："真是的！很痛啊！""别这样啊！"孩子就会学到"爸爸妈妈很开心""这是可以做的事情"。然后为了看家长的反应，再一次做出同样的行为。

当家长知道自己的孩子打人或咬人时，会感到非常不安和担心，我非常理解这种心情。但只要明确地告诉孩子原则，代替孩子表达他的感受，最后告诉他具体表达方式，总有一天他们会用语言表达自己的想法。家长们可以放心。

总结

- 对于不能做的事，要明确、认真地表明原则。
- 在此之后，替孩子表达感受，理解孩子的心情。
- 告诉孩子具体的表达方式：除了不要打人，还应该怎么做。

不愿把东西借给别人
——不借给别人东西就是坏孩子吗

婴幼儿时期，不愿把东西借给别人也没关系

孩子们在玩耍的时候，有时会因为争抢东西而吵架。

这种时候，家长常常会催促孩子："借给他。""一起用不就好了。"

但是，对婴幼儿时期（尤其是0～3岁）的孩子，家长需要转变想法：从"应该借给别人""必须借给

别人"转变为"不借给别人也没关系"。

　　婴幼儿时期，孩子为了实现"自我=个体"，需要选择自己想做的事情，得到自己感兴趣的东西，不被任何人打扰，重复做到满足为止。这些很重要。

　　好不容易找到感兴趣的事情，别人说"借一下"，就不得不中断，把正在使用的工具或玩具借给别人。在这种情况下，孩子是无法尽兴的。

　　这样，专注并沉浸在想做的事上的弦就中途断裂了。这种情况一直持续，孩子就无法充分发挥能量，会一直处于"不满足"的状态。

重要的是先满足自己

　　假设这样一个场景：和孩子去公园，孩子正在玩自己的沙滩玩具，另一个孩子跑来说"那个借我"。

　　这时，家长也许会强迫孩子——"可以啊""借给他吧"，但在这里家长必须稍加谨慎。

　　家长可能会担心"这样下去，孩子会不会变得不会分享？""可能会变成坏心眼的孩子"，但重要的是孩子现在想要什么。

家长有时会过于担心未来，而忽略了现在应该满足孩子的需求。

现在，眼前的孩子想要的是"自己的工具用到满足为止，不借给别人"。

孩子现在的需求被满足，就会进入"借给别人"的阶段。

培养孩子的拒绝能力

被别人要求"借一下"，"好"不是唯一的答案，也可以拒绝。

家长太重视和谐，无意识中会强迫孩子"要和大家和睦相处""和大家一样"。

但是，今后孩子们独立生活时，不能对什么都说"好"，有时也必须拥有拒绝能力。

家长如何把沟通方法教给孩子

那么，家长应该如何做呢？

被要求"借我一下""一起玩吧"时，即使心里不想，但不理他们或者向他们发火都无法顺利完成沟通。

孩子如果不想借，家长就需要告诉他怎么用语言具体表达。

孩子间发生矛盾的时候，可以告诉孩子：

"'现在我在用，等会儿啊！'这样说。"

"'我用完了借给你啊'，这样告诉他。"

…………

这是一个机会，让孩子知道怎么具体用语言表达自己的想法。

如果孩子年龄小，无法自己说，家长也需要替他说。

或者，也可以使用孩子能说的语言，如"等会儿啊"，和他一起说。

家长向孩子展示具体的表达方式，能帮助孩子在未来独立进行沟通。

告诉孩子公共场所的规则

当然，家长有时也需要提出这样的建议："过会儿他会还回来的，借给他怎么样呀？"

但是，没有必要勉强孩子去做他不喜欢的事情。

孩子能充分地玩耍，不用担心自己的东西被拿走。这样，不用家长说，他们也会自然地把东西借给朋友。

但是，公园和儿童乐园里配备的滑梯、大型游乐设施、玩具是大家共同使用的。如果一直霸占，又要另当别论了。

这种时候，要对孩子想玩的心情表示理解，同时也要把握住这个好机会，告诉孩子"要排队"等公共场所规则。

例如，如果孩子霸占了儿童乐园的玩具，就要告诉他规则："玩具要一个一个玩哟。"并反复告诉孩子："还有其他人要用哟。"

0～2岁的孩子，年龄较小，家长需要告诉孩子"大家一起用哟""要等轮到我们哟"，并陪孩子等待。

孩子所处的时期，"想做！"，身体就会马上行动。对孩子来说，明明就在眼前却做不到是非常痛苦的。

家长可以牵着孩子的手，扶着孩子的身体，或者一边唱歌一边陪孩子等待。

不要在意周围的目光

读到这里，也许有人会想：但是，我很在意周围人怎么看我。

不自觉就会在意周围人的想法：要是被人认为，这个妈妈没教好孩子，那就糟了。

然而，这个时候，比起家长会被怎么看，让孩子做事做到满足为止，专注地实现"自我 = 个体"更重要。

注意不要因为内疚或尴尬就给孩子贴标签，如"不能借东西就是坏孩子"，或对孩子说"不借给别人，就不能在这里玩了"，等等。在婴幼儿时期，比起可以借给别人东西这件事，培养孩子发展自我的能力以及在讨厌时表达想法的沟通能力更为重要。

孩子现在的需求得到充分满足，这种满足感就会转化为力量，从而让孩子主动进入下一个阶段。

正在用的东西被别人要求"借一下"时，"好"不是唯一的答案，家长要告诉孩子可以做事做到满足为止，以及具体怎么拒绝别人。

总结

● 比起可以借给别人东西这件事，满足孩子的想法，让孩子发展自我更加重要。

● 当场告诉孩子具体的拒绝方法和沟通方法。

● 对于公共设施和以大家共同使用为前提的设施，每次都要告诉孩子相关规则。

不能坦率地道歉
——让孩子主动道歉的诀窍

婴幼儿时期，内心感受的原体验①很重要

孩子之间有矛盾时，自己的孩子不会马上说"对不起"。看到这种情况，家长可能会担心："为什么不能坦率地说道歉呢？""什么时候才会说'对不起'呢？"

————————————

① 指一个人的思想定型前的体验，它会对以后的思想、人格形成产生大影响。

道歉中，重要的不是发生矛盾时，敷衍地说"对不起"，或者被家长要求而不情愿地说"对不起"，而是孩子感到道歉的必要性，为了表达自己的歉意，主动说"对不起"。

对于还不明白"对不起"是什么意思的孩子，家长教他们道歉，不是想告诉他们"发生矛盾，道歉了就能解决"。

在婴幼儿时期，比起道歉这件事，孩子内心感受到什么、对对方是什么想法，这样的原体验才是最重要的。

具体来说，就是在发生矛盾时，看到对方哭泣的样子，孩子心中的感受："啊，是不是让他伤心了？""他受伤了。"

在这样的原体验中，孩子思考哪里出了问题，自己哪里做得不对，并思考别人的想法，从中得到的感受是很重要的，如"我要想办法解决这个问题""我想和他重归于好"。这种内心的感受，会促使孩子主动道歉。

0～3岁由欲望驱使着行动

在0～3岁时期，孩子拼命地发展自我，还很难去关心周围发生的事和其他人的想法。

现在自己想做的事，现在自己想用的东西，现在自己想去的地方……孩子处在这个发展阶段，经常被现在自己想怎样的自我欲望驱使着。

比如，孩子突然拿走了朋友的玩具，与其说孩子是故意把朋友的玩具拿走，更有可能的情况是：孩子觉得"那个玩具真不错，真想用一下！"，而那个玩具恰巧是朋友的，仅此而已。

从家长的角度来看，不要随便拿走别人东西，这是理应遵循的规则。

但是，孩子还正在学习这个世界的规则。对他们来说，拿起架子上的玩具和拿起朋友手里的玩具没有太大区别。

也就是说，孩子只是由欲望驱使着行动，完全没有意识到自己做了不该做的事情。

让孩子注意对方表情和心情的四个要点

不知道自己在做什么，并不意味着他们可以为所欲为。

如前文的例子，孩子拿走朋友正在玩的玩具，把朋友弄哭了。

这种时候家长应该怎么做才好呢？有四个要点：

1.告知孩子：这是朋友的东西

首先，告诉孩子这是朋友（另一个孩子）在用的东西："这是××在用的东西哟。"

2.告诉孩子和朋友玩的规则

然后，和孩子共情的同时，告诉孩子规则："很想玩这个玩具吧？但是呢，不要拿别人正在用的东西哟。"

3.用语言表达朋友的心情

接着，和他说话，让孩子能感受并思考朋友（另一个孩子）现在的状态："小××哭了呢，好像因为玩具被抢走很伤心。"

这是关键。

和孩子说话时要让他能感受并思考：对方是怎样的表情？有怎么样的心情？这样有助于孩子今后考虑别人的感受，明白道歉的必要性。

4.告诉孩子道歉方法

然后，告诉他道歉方法："这种时候要说'对不起'哟。说'对不起'，然后把玩具还给他。"

这个时候，如果孩子到了可以与家长一起说对不起的年龄（月龄），家长可以通过"我们一起说吧"来帮助他道歉。

如果还不会发音，家长可以代替他说对不起。孩子看到家长道歉，就能吸收"这种时候要说'对不起'"这一信息。

把道歉的时机交给孩子

随着孩子年龄增长，从语言发育的角度看，他们会说"对不起"了，但有时会因为心情不好而说不出来。

这种时候，家长不要对孩子说："都×岁了，赶紧道歉！"

年龄越大，孩子之间的矛盾就越复杂，有时也不只是两个人之间的矛盾。

正因如此，比起0～3岁时，家长要更重视孩子的感受，给孩子思考的时间：为什么会发生矛盾？对方在想什么？……

家长确认了孩子的感受后，把说"对不起"的时机的决定权交给孩子。

家长也一样，比如夫妻之间发生矛盾时，虽然觉得"啊，我说得太过分了""自己可能也有错"，但心情不好的时候，无法马上道歉。

如果这个时候有人强迫你道歉，反而更不想说了。孩子也一样。

"想道歉的时候要道歉哟"，把道歉的时机交给孩子。

如果孩子真的很想道歉，却遇到困难，请一定要伸出援手，比如问他"要不要一起去道歉？"。

孩子有时得到家长的一点儿帮助就能做到，有信任自己的家长在身边，孩子就会涌现出勇气。

重要的不是孩子马上道歉，而是他在和别人的矛盾中感受到了什么，学到了什么。

在日常生活中展现家长道歉的姿态

最后也是最重要的一点。

大家应该已经注意到了，那就是：家长要能自然地道歉。

例如，和孩子一起生活时，就算不是故意的，家长可能会撞到孩子，或者弄坏孩子心爱的东西。

这种时候，家长要看着孩子的眼睛，诚恳地道歉。

孩子会吸收家长的这种姿态信息。

即使孩子现在还不能坦率地道歉，家长也要抑制一下自己急切的心情，首先重视孩子的内心感受。

长远来看，这样更能提高孩子的思考能力和自主行动能力。

总结

- 比起道歉这件事，用心感受的原体验更重要。

- 不要强迫孩子道歉，家长要做示范，和他一起道歉。

- 日常生活中，家长要能自然地道歉。

为孩子怕生而烦恼
——不尽快改正，孩子会变得不善交际吗

有的孩子是自来熟，有的孩子则需要时间

孩子害羞、怕生，怎么都不能主动和人打招呼，与人融洽相处需要时间……

对于孩子的这些表现，父母可能不只是担心孩子怕生，还担心"孩子心理没问题吧？"，并为此焦躁不安。

不过，别着急。孩子的样子每时每刻都在发生变化，他在按照自己的节奏成长。

在孩子的成长过程中不可或缺的是，他的节奏和个性被家长无条件地接受。

有的孩子可以很快和别人打成一片，有的孩子却羞于与人交谈。不管跟谁都能立刻打成一片，不害羞、主动和别人接触，这不一定就是好的事情和好的姿态。

如果孩子现在有点儿不好意思，希望按照自己的节奏慢慢和别人交往，而家长却强迫他和别人说话或接触，就会让孩子很痛苦。

重要的是，家长要满足孩子现在的要求和愿望，这样就能推动孩子步入下一阶段。

孩子没烦恼，烦恼的是家长

弄清楚是谁对孩子的状态（比如怕生）感到烦恼很重要。怕生、羞于与人交谈，对此感到烦恼的是孩子，还是焦躁不安、想要做点儿什么的家长？

孩子很想说话，但是害羞得说不出来，很苦恼。这种时候，家长一定要助其一臂之力。

理解他的心情，告诉他具体的方法："这样说就好啦！"也可以通过角色扮演来培养孩子的自信："我来扮演你的朋友，你要不要和我练习一下？"

但是，如果孩子对此完全没有感到烦恼，烦恼的只是家长，就需要特别谨慎。因为，孩子的状态一直在变化，家长现在看到的状态只是他成长过程中的一个表现而已。

摘掉有色眼镜，不带偏见地看孩子

孩子时时刻刻都在变化，但一旦家长认定"这个孩子怕生""说话总是很费功夫"，看待孩子时，他们就会无意识地戴上"这孩子怕生"的有色眼镜。

其实，孩子可能以前完全不能看着对方的眼睛，但现在说话时已经能看着对方的眼睛了。实际上，孩子可能在按自己的节奏一点点进步。

然而，如果戴着"这孩子怕生"的有色眼镜看孩子，就看不到这些细微的变化，也注意不到孩子努力鼓起勇气的样子。

另外，如果家长的期待过高，孩子虽然和以前相比逐渐进步了，但成长赶不上家长的期待，家长还是无法认可孩子。

孩子的状态不会突然发生戏剧性的变化。他在每天的积累中，一步一步地发生变化。

为了支持孩子成长，家长需要注意到孩子的细微变化，并认可他们。

如果以前从不打招呼的孩子能小声打招呼了，就对他表示认可："能说'早上好'了呢，对方一定能接收到。"如果让孩子重说，或者直接指出他的问题——"这样的声音听不到哟""再大点儿声说"，孩子反而做不好了。

欲速则不达，认可孩子现在能做的事很重要。

说"这孩子怕生",孩子真的会变得怕生

有一点需要注意:不要在孩子面前说"这孩子怕生"。

孩子虽然感觉在与人交往时自己心里会紧张,有一种莫名的害羞感,但并没有认识到"我是怕生的"。

但如果孩子因害羞做不来某事时,被家长说"这孩子怕生"(即使家长是想帮忙),孩子就会给自己贴上"我怕生"的标签。

这样一来,在某个场合,可能会被"我怕生,所以……"的认识干扰,从而变得消极起来。

大家有过类似的经历吗?

如果一直被别人说"你真的是个冒失鬼啊""你真的笨手笨脚啊",即使自己不是非常笨拙,我们也会给自己贴上"啊,我很笨拙"的标签,失去自信。

如果给孩子现在的成长过程贴上标签,很可能会把孩子这个时间点的状态固定住。为了不阻碍孩子成

长，家长意识到这点并为之费心是很重要的。为了培养孩子的自信心和自尊心，对在孩子面前说什么话，家长必须非常谨慎。

怕生绝对不是件坏事。

现在孩子正在"输入"大量信息。当孩子觉得自己没问题了，他就会主动与人接触、交流。

家长不要显露出期待和愿望，要重视孩子现在的状态，不要着急，让孩子按照自己的节奏前进。

总结

- 孩子害羞时可以不强迫他。
- 不戴有色眼镜，不带偏见地看孩子。
- 认可孩子一点点变化的状态。
- 注意不要在孩子面前说"这孩子怕生"。

说话粗鲁，令人担心
——告诉孩子怎样正确使用语言

出生头三年是习得语言的重要时期

语言并不是一出生就拥有了，在出生后要自主习得。

所有的孩子一出生都拥有一种能力，那就是习得自己环境所需语言的能力。利用这种能力，孩子在头三年里一下子获得了大量的词汇，然后进一步完善语言，使之成为自己的东西。

为此，语言输入必不可少。多和孩子说话，让孩子在理解话语意思、和人交流的过程中习得语言。

人不可能会说从未听过、见过的语言。有输入，才有输出。

0～6岁吸收什么样的语言很重要

在习得语言的0～6岁婴幼儿时期，关注孩子能输入怎样的语言尤为重要。

在这个时期，孩子还没有形成自己的语言使用标准。

如果处在一个充满不恰当或伤害性语言的环境中，孩子就会认为这些语言很正常，并使它们成为自己语言的一部分。

因此，家长的职责之一是要考虑孩子周围是什么样的语言环境，并为孩子营造良好的环境。

首先，家长离孩子最近，家长说话时应使用优美的语言和丰富的表达方式。这将有助于孩子的语言、情感发展，还会影响他们看待事物的方式和人格形成。

不要什么都用"好厉害""太厉害了"来表达，家长要使用丰富的词汇，如"这个颜色真漂亮呀""今天好冷啊"，这样孩子也能自然而然获得丰富的词汇。

而且，充分使用五感，并用丰富的词汇表达，这样也能培养孩子的感性认知。

告诉孩子理想的表达方式

在孩子还小时，家长就要为他们筛选接触的媒体和绘本，营造良好的环境。这是很重要的。

但是，随着孩子年龄增长，他们会和朋友接触，形成自己的喜好，就能自己选择要看、要听的东西，不可避免会接触到各种各样的表达方式。

在这种情况下，不要直接指出孩子的问题，但可以告诉他更好的表达方式。

●不要直接否定。

假设这样一个场景：家长和孩子说话，孩子说："吵死了！"

在这种情况下，家长应该告诉他更恰当的表达方式。如果直接否定他——"别说这种话！""不应该说'吵死了'"，就会引发孩子和家长间的冲突。

"吵死了！"孩子这样说时，说不定是家长真的太吵了。

建议告诉孩子其他表达方式，比如这样说："你想说你知道了，对吧？但你说'吵死了'，我会听不懂你的意思，希望你能和我说'我知道了'。"

●不要做出过大的反应。

另外，幼儿期，孩子说"便便"这个词，都会让家长笑趴下。

如果家长说"真是的！不能说'便便'哟"，孩子就会很开心，觉得自己的发言得到了家长的回应，又开心地不停重复"便便"。

孩子很开心地说"便便"，或者很享受家长的回应时，家长不要做出过大的反应，可以谈其他话题，也可以离开这个地方。

●感兴趣时就是学习的机会。

推荐大家不要逃避孩子的兴趣，可以大胆地谈论关于便便和身体的话题。使用图鉴、绘本等形象的教材，说明大便的排出原理，比较各种动物的大便。这都是只有孩子对大便感兴趣才有的乐趣。

孩子对身体部位感兴趣的时候，也是开始性教育的绝好机会。这是非常好的机会，家长可以通过形象的教材来谈论男女身体和功能的差异、宝宝是从哪儿来的等话题。

- 告诉孩子TPO[①]。

当然，在一些情况下，比如吃饭时一直说"便便"，在公共场所大声说"便便"，或者被别人要求"停"还继续说，家长需要立刻制止孩子："别说啦，听了会不愉快哟。"

孩子说话不恰当时，也需要当场制止。

对在哪里设定边界，每个人的判断标准不同，但对于会伤害他人和暴力性的话语，要明确表明原则："这种话不管对别人，还是对自己，都不能说哟。"

不希望孩子使用的语言，家长也不要用

最后，我想说的是帮助孩子语言发展的基本前提：不希望孩子使用的语言，家长也不要用。

或许有人有这样的经历。孩子调皮、任性，动不动就哭，家长就说："烦死了！"孩子做错了什么或

---

① Time 时间 /Place 地点 /Occasion 场合。

者失败了，家长说："你给我适可而止！"……

即使孩子当时没有使用这些语言，但每次父母说，孩子都会把它们输入大脑。

理解了如何使用"吵死了！"，并且有绝好的机会使用这句话时，孩子就会输出"吵死了！"。

当然，父母使用的语言并不是孩子输入词汇的全部来源。孩子也会从幼儿园的老师、朋友、媒体和绘本中输入。

但是，如果孩子使用不好的语言，家长想告诉孩子"这种表达不好哟"，可在平时家长却一直使用着不好的语言，就完全没有说服力，好的表达也不能传达给孩子。

如果不希望孩子使用，家长首先要注意自己的语言，这比什么都重要。

总结

● 在孩子输入语言的婴幼儿时期，家长要使用丰富、优美的表达方式。

● 不要直接指出孩子说话的问题，要告诉他更好的表达方式。

● 孩子使用不该使用的语言时，家长要马上表明原则。

● 家长要意识到自己是榜样，注意自己使用的语言。

专栏：应该送孩子上兴趣班吗

上兴趣班不急躁，不随波逐流

周围的家长都送孩子上兴趣班，有的家长可能会感到着急、迷茫："是不是也该把孩子送去兴趣班呢？"

但是，学习不能急躁，不能随波逐流，重要的是要配合孩子的节奏和兴趣，没必要和大家一样。

没有规定说孩子到了某个年龄就必须上兴趣班。每个人感兴趣的事情不同，学习的时机也会不同。

请重视孩子现在想做的事。

家长注意不要把什么都塞进孩子的发展进程中，不然会导致孩子无所适从。

0～3岁，按孩子的节奏来，不要着急

0～3岁是孩子发展自我的时期，孩子在这一时期很难忍耐不做自己想做的事，而去配合周围人，和大家一起做同样的事。

他们的身体还在发育，精力有限。家庭让孩子感觉最平和，在家里好好休息对孩子来说必不可少。

例如，家长和孩子一起在家里打扫、做饭等做家务的经历不仅能帮助孩子自立，和最喜欢的爸爸妈妈一起做事，还能满足孩子的情感需求。

对孩子所需的时间，家长要有所保障并对其重视，而且当孩子开始对某件事感兴趣时，父母要创造机会和孩子一起参加并体验这些活动，而不是让他马上去学。

重视孩子想做的事情

就像我在第 1 章中说过的，3 岁起，孩子会有意识地做事情。

于是，家长可以看到孩子主动对各种事物感兴趣："我也想学游泳""我想学会说英语""我想学会跳舞""我想学会弹钢琴"……

这个时候，可以让孩子去体验那些课程，给孩子创造机会，让他思考自己真正想做什么。

这样一来，孩子可以深入了解并尝试自己感兴趣的事情，这些能带给孩子满足感和自信。

说到底，家长要重视并帮助孩子实现的不是"家长希望他做的事"，而是"孩子想做的事（感兴趣的事）"。

总结

孩子也许不会马上发生变化，但在家长的信任和守护中，孩子一定会逐渐改变。

1.尊重

在与孩子相处时，必须平等地看待孩子，把孩子当作一个独立个体来尊重。

最需要做的就是尊重孩子，而不要小看他们，觉得他们"反正只是个孩子"。

2.理解孩子的想法，与他共情

在任何情况下（除了儿童处于危险之中或正在伤害自己或他人时），首先要理解孩子的想法，与他共情。

3.训斥、发火、提醒→具体地表达

孩子做了不能做或不好的事，家长不要情绪化地发火、训斥、施加威压，而要用具体的行动和语言告诉他刚刚应该怎样做、以后应该怎么做，这很重要。

4.家长当榜样，用行动示范

孩子每天都在通过吸收力吸收各种东西，因此，希望孩子学会的东西，在日常生活中家长能自然地做到很重要。

5.表现出具有一贯性的限制

非常重要的一点是：不是给孩子无限制的自由——"什么都可以做""任何事想怎么做就怎么做"，而是要表现出具有一贯性的限制——"到这里为止可以，从这里开始就不行"。

6.夸奖→认可

孩子做得好时，不要给予奖励或极力夸奖、吹捧孩子，而要简单地认可孩子的行为。

第5章

育儿就是帮助孩子实现自立和自律

个体成长必需的三个"间"和余裕

孩子成长必需的东西

前文曾提到，孩子为了在今后漫长的人生中靠自己的双脚走下去，会在0~6岁阶段努力实现"自我=个体"。

这种成长，家长无法替代，只能靠孩子自己实现，而且，孩子的成长需要空间、人间①、时间三个

---

① 在日语中，"人间"指人。

"间"和余裕。

请家长逐一看下去吧。

1.空间

所谓空间，就是环境。有了适宜的环境，孩子就能主动接触环境、发展自我。

举个极端的例子：如果一个婴儿24小时都躺在1平方米的婴儿床上，那么他就没有充足的活动空间，接触的东西将大大受限，本应发展的能力也就无法得到充分发展。

在孩子成长的过程中，环境的影响就是如此之大。

2.人间

无论有多么美好、适宜的空间（环境），如果里面没有人（家长），孩子将很难实现适当的发展。

在这个充满未知的世界，家长会全力保护孩子：当孩子无法完成某些事情时，家长会鼓励他、包容他、帮助他；当孩子哭诉不愉快的事情时，家长会陪在他身边，予以安抚；当孩子需要生活中的必备技能时，家长会以身作则，进行示范；当孩子想了解这个世界的规则和秩序时，家长会用一贯的原则悉心教导。

正因为有了家长的关爱、保护、信任、支持……孩子才能在适宜的环境中发挥自己的力量。

可以说，人也是环境的一部分。物是物质环境，人是人文环境。

环境中的人会做出怎样的举止、采取怎样的交往方式、用怎样的眼光看待孩子，这些都会对孩子今后的发展产生重大影响。

3.时间

孩子想要自己完成某件事，是需要时间的。

自己穿袜子、往杯子里倒水……很多事情，已经自立的家长去做，很快就能完成。

然而，现在正在努力做到这些事的孩子，要花费比家长多几倍甚至几十倍的时间。

看到孩子这样，家长会忍不住想要插手、多嘴。但对孩子来说，保障他们有自己做事的时间是很重要的。

孩子需要家长等待的时间，而不是被催促"快做""你做要费时间"，或者被家长抢先把事情做了。

在0~3岁阶段，孩子想要实现生活自理，尤其需要家长等待的时间。

也许有的家庭家长是双职工，等不了孩子那么久，会想"该怎么办呢？"。

虽然家长难以在任何情况下都等待孩子，但是在时间充裕的假期，请有意识地等待孩子做事。

4.余裕

孩子的成长，除了空间、人间、时间这三个"间"之外，还需要余裕。

所谓余裕，指的是家长心灵的空间、精神的舒展。

在育儿的过程中，除了关于孩子本身的烦恼，也存在周边烦恼。具体来说，如伴侣不合作，对于没有自己的时间感到烦躁，长期睡眠不足而疲惫不堪，不知如何与孩子的爷爷、奶奶、外公、外婆相处，工作繁忙，等等。

假如家长积攒了很多无法排解的烦恼，而这时孩子恰好闹着"不要不要"，虽然脑子里想着"我要理解孩子"，但因为内心没有余裕，可能和想法相反，会情绪化地发火："够了，适可而止吧！"

发火之后，家长又会陷入自我厌恶中：明明内心有余裕的时候，能理解孩子的感受……

在家长向我的咨询中，也出现了很多这样的烦恼。

掌握给内心创造余裕的方法

育儿就是事情接连不断地不按家长的意愿发展。

为了在这过程中给内心创造余裕，家长需要找到治愈自己内心的方法。

首先，试着找到自己做什么能让内心平静下来。

比如，把想法写在本子上、阅读、与人交谈、锻炼、做针线活、做瑜伽、喝喜欢的香草茶、吃美味的食物、舒适地泡澡……

找到这样的方法，觉得"啊，内心有余裕了"，以此来治愈自己。

当然，除了孩子的事情，如果还有其他问题困扰着你（比如伴侣不合作、长期睡眠不足等），就需要采取行动来解决问题。

像这样，掌握了取悦自己的方法，内心就能逐渐生出余裕。

痛苦的时候给内心"充电"

帮助孩子这一宝贵生命成长，家长需要花费巨大的能量。

如果家长能给内心"充满电"，拥有余裕，就能积极地支持孩子成长。

然而，在自己没有得到满足的情况下就面对孩子，往往会感到很痛苦。如果孩子的月龄小，家长连一点儿独处的时间都很难拥有。

越是这种时候，越要给自己的内心"充电"。请一定要依赖可靠的人、物、服务，腾出时间来治愈自己的身心。

为了育儿，也为了丰富自己的人生，请先重视自己。这也一定会促使家长享受育儿的乐趣。

总结

● 孩子为了实现"自我＝个体"，需要空间、人间、时间这三个"间"和余裕。

● 为了支持孩子的成长，家长要重视自己，满足自己的内心。

无论是孩子还是家长，都不用和别人一样

不自觉地拿自己的孩子和其他孩子比较

明明孩子没有错，家长却拿自己的孩子和其他孩子比较，把焦虑发泄到孩子身上，或者对孩子发火——"多做一点儿""振作点儿"……

家长虽然告诉自己"不要拿自己的孩子和其他孩子比，要比的话，就拿孩子的现在和他的过去比"，但还是会不由得拿孩子和其他孩子比较。怎样才能停

止比较呢？

可能有不少父母都有这样的经历。

这种时候，关键是不要强迫自己放弃比较。

家长可以相对地判断事物。整体来看，自己的孩子怎么样？和其他孩子相比怎么样？即使不想比，大脑也会自行做出判断。比较的结果如果是自己的孩子比其他孩子差，家长就会产生自卑等情绪。

这种时候，不要把焦点放在停止在头脑中比较上，而要控制情绪，别在孩子面前流露出负面情绪。

允许自己在头脑中进行比较吧。这是没办法的事。

但是，家长必须非常小心，不要让比较后产生的负面情绪（焦虑不安等）转化为行动，对孩子发火或强迫他做什么。

家长对孩子做不到的事情感到焦虑时，就会想改变焦虑的根源——孩子的表现。

但是，孩子有自我成长的能力，有自己的成长节奏。每个孩子擅长的事情、不擅长的事情、个性、喜

好都不一样，对他来说，个性和成长节奏得到保障就
是幸福。

大家不一样

再次强调，重要的是眼前的孩子想要什么。

有时，家长拿自己的孩子和其他孩子比较，一味
地想要改变孩子做不到的方面，却忽略了孩子现在想
要什么。

家长希望孩子做的事情，可能不是孩子现在需要
的，或者孩子现在可能正沉浸在其他事情中。

如果家长不正视孩子的真实情况，就急于改变孩
子，那么对孩子无条件的信任——"你做你自己就
好"，就会转变成有条件的信任——"你做到这一点
我就相信你"。

本来，每个孩子的成长节奏各不相同，借用童谣
诗人金子美铃的话，"家长不一样，家长都很棒"。

在蒙氏教育中，"大家不一样"就是标准。蒙氏

教育不是以年级为单位，而是采取混龄制，不同年龄的孩子们都在同一个环境里，做自己感兴趣的事。

相比之下，日本的教育一般以年级划分，大家一起做同样的事，会更加强调"大家一样""平均"。因此，一对比，自己的孩子和大家不一样的地方会很明显，于是父母就会着急："已经 × 岁了，这个必须让他学会。"

但是，真正重要的并不是让孩子完美地契合家长准备的框架，而是让孩子的成长节奏和个性得到保障，让孩子得到无条件的爱和信任——"你做你自己就好"，把精力放在自己想做的事上，稳步发展自我（个体）。

实现自立、自律的道路是个人竞赛，家长不能抱着"大家都一样"的想法强行纠正孩子。

本来，每个人就该不一样。如果家长感到不安，觉得"必须和大家一样""不能超出框架"，就会无意识地让孩子焦虑。

当在家里和孩子相处时，家长要抱着"你做自己就好，大家可以不一样"的想法。如果最亲近的父母能以这样的想法守护孩子，孩子就能安心地走自己的路。

家长也可以做自己

大家可以不一样，这个道理不仅适用于孩子，也适用于家长。

"必须做完美的父母""大家都这么做，我也……"过于重视和周围的协调，导致家长有时不知道自己想做什么，或者因勉强自己配合周围的人而疲惫不堪。

但是，每一个妈妈可以不一样，每一个爸爸也可以不一样。

家长先肯定自己——"我做自己就好"，这样，就能自然而然地肯定孩子——"你做自己就好"。

每个人都有独特的优点。这塑造了每个人的个性。家长可以彰显自己本来的个性，千万不要对自己的个性感到羞耻。

总结

- 家长不用停止比较，但要有意识地避免把自己的负面情绪发泄到孩子身上。
- 无论是家长还是孩子，都可以和别人不一样。

和孩子一起活在"现在"

意识到的时候，就是开始改变的时候

读到这里，一些读者可能会感到不安："我的孩子已经6岁了，现在改变与孩子的交往方式是不是为时已晚？"

没关系，不存在为时已晚这种情况。

意识到的时候，就是开始改变的时候！今天是孩子最年幼的一天！

"之前总是情绪化地批评孩子。""总是抢先一步，代替孩子做早上的准备。""总是盯着孩子做得不好的地方，指出他的错误。"……

"但是，我觉得这样对孩子不好。我想改变！"

这样想的时候，就是改变的契机。

要对某一行为有所改变，除非本人有改变的意愿。

"我要注意和孩子的交往方式"，如果你有这个想法，试着把想注意的事情写下来，或者对伴侣公开说出来，积极地实践吧。

一下子将所有存在的问题都纠正过来，对很多人来说是很难坚持下去的。所以先试着决定改变一件需要注意的事，并采取行动，比如"不插手、多嘴""不使用否定性的语言"等，也可以安排好一天，在早上下定决心，在那一天试着有意识地做到。

另外，推荐大家数数自己平时到底插手或多嘴了多少次，客观地计算一下。

你可能会惊讶地发现，自己插手的事情比预期的多得多。

"啊，我原来说了这么多啊！"认识到这一点很重要。

你如果想要这样做、想要变成这样，请一定要有意识地去做。

让孩子看到家长充满活力地生活的样子

孩子总有一天会离开家长，开始独立生活。

家长不仅希望孩子和自己在一起时感到幸福，也希望他在以后的人生里一直幸福。

家长与孩子最亲近，所以家长自身也要享受生活，每天充满活力地生活。这也是很重要的。

家长每天积极地生活，享受各种各样的事情带来的喜悦，虽然偶尔也有失落或不顺利，但还是能战胜它们，活得生气勃勃。

看到家长充满活力的样子，孩子会觉得"这个世界是个好地方""长大好像很快乐"，感受到在这个世界生活的希望和乐趣。

有的家长出于工作原因，在孩子很小时就把他送进托儿所。对此，家长完全没有必要怀有罪恶感。

家长一定要向孩子展示自己积极工作，并享受每天生活的样子：可以给孩子介绍工作的内容——"妈妈在做这样的工作哟"，或者告诉孩子"今天，在爸爸身上发生了这样一件有趣的事情"。

从家长身上，孩子会感受到对这个世界的希望。

请不要封闭自己的感受，不要牺牲自己。

做你自己就好。

面对孩子时，让内心适应"现在"

正如我在前文所说，婴幼儿时期的孩子活在"现在"。

虽然孩子会逐渐了解过去或未来的事，但他依然感觉自己处于"此时此地"。

与孩子相反，家长总是在心里想着过去或未来的事——"我回去后要做那个，要做这个"，很难让自己真正活在"现在"。

有时候，家长虽然人在和孩子一起玩耍，心却在其他地方。

这时候，请一定要让心灵适应现在，试着和孩子一起活在"现在"。

"快看！有一块这样的石头！""这里开花了！"当孩子告诉家长他所注意到的事物时，家长不要听到后只是敷衍地说"是呀"，而要在听到后和孩子互动——"我来看看"。虽然这个过程只有几秒钟或几分钟，但家长这样一起与孩子分享看到的"现在"，也许会有所发现和感触。

在平淡的日子里，哪怕只有几分钟这样的过程，家长的内心都会得到满足。

总结

- 意识到的时候，就是开始改变的时候。
- 家长享受生活，会让孩子感受到对这个世界的希望。
- 家长试着和孩子一起活在"现在"。

无条件信任孩子，能推动他走向自立

孩子得到信任会涌现力量

大家相信眼前的孩子吗？

有人说："是的！我相信。"我想也会有人说："我不相信，孩子总是不听父母的话。"

前文曾说过，孩子被最亲近的家长无条件地接受（"你做你自己就好"）、被信任（"你没问题""你能行"）时，就会涌现出巨大的自信和力量。

家长自己要做一些新事情，或者被委任工作时，如果被给予极大的信任："××没问题！我相信他一定能做出好东西来！"那么家长不仅会感到高兴，还会涌现出自信："啊，感觉自己能做到。"

相反，如果被人质疑："让××做这件事，我感觉他会失败，真的没问题吗？"明明自己之前觉得没问题，也会感到前所未有的不安："啊，我那么令人担心吗？"

对孩子来说也是如此。

无条件信任孩子——"你没问题"

如果家长对孩子的期待和眼前孩子的状态有落差，或者孩子的成长没有达到家长的预期，那么家长的不满、急躁和担心就会取代对孩子的信任。

于是，家长在任何地方、任何时间都开始担心孩子，"我必须激励孩子！""我必须催促孩子！"的想法便越来越强烈。

对孩子的信任不知不觉间消失了，家长会下意识地对孩子说："你怎么总是做不到啊？""你还好吧？真为你担心啊！"

反复听到这些话，会让不少孩子失去自信。

冷静想一想，这是显而易见的事情。与其把使孩子不安的话语和感情传达给孩子，不如无条件地信任他们，对他们说"我相信你""你没问题"，后者更能给孩子力量。

请一定要接受孩子，无条件地信任他们——"你做自己就好"。

即使事情很小，也要先认可孩子要做的事

家长如果总是关注孩子做得不好的事情，就会觉得他那个做得不好，这个也做得不够，可能会感到焦虑，会想"我必须提醒他"。

但是，对于孩子努力做的事，即使是你觉得不值得表扬的小事，也一定要给予孩子认可。

　　比如，收拾屋子的时候，拜托孩子："能把这个玩具放回架子上吗？"这时，从家长的角度看，孩子放回东西的时机可能已经晚了。尽管如此，孩子在他的时间点上把玩具放回，对于这个行为，家长也要表示认可："把东西放回了呢，谢谢你。"这样做有利于保护孩子的自尊，增强孩子的自信——"妈妈在看着我""爸爸认可我了"。

　　不要着眼于孩子做得不好的事情，用扣分制评价他；一定要着眼于孩子做得好的事情，用加分制认可他。

　　家长给予孩子的这种信任和认可，可以帮助孩子尝试新事物，促使孩子积极看待事物。

　　无条件信任孩子，这会赋予孩子力量，推动他走向自立。

　　从今天开始，尝试信任式育儿吧！

总结

● 当被无条件地接受、信任时，孩子就会涌现出巨大的自信和力量。

● 关注孩子做得好的事情，而不是做得不好的事情。

对孩子说"今天也谢谢你"

作为父母，在养育孩子的过程中，不知不觉就会对孩子产生控制欲和期待，并关注孩子没做到和做得不够好的事。

"我希望你挑战更多的事情。"

"我希望你更认真地听别人说话。"

"我希望你更加集中精力做事。"

…………

然而，家长之所以能够产生这样的控制欲和期待，都是因为现在孩子在身边。

这样的事情太过理所当然，很多时候家长都忘记了感谢。但是，"我的孩子今天也笑得很灿烂"，这件事本身就真的非常珍贵、无可替代。

每天的生活都很平淡，以至于这种情感被遗忘了。正因为如此，当一天结束时，请告诉孩子"今天也谢谢你"。

别人无条件地感谢自己的存在，并为自己的存在感到高兴，这样的经历会让孩子体会到自己存在的意义，对这个世界产生希望并信赖他人。

育儿是帮助一个生命成长，做这项工作是值得尊敬的。

孩子慢慢长大并成为家长，世代才能传承，曾经的未来才能成为现在。孩子是未来的希望，帮助他成长并不是一件容易的事。

有孩子，就有帮助孩子成长的家长。正因为每个人都在努力做着自己的工作，这个社会才得以维持。

家长有时会遇到痛苦、不如意、焦急、懊悔、愤怒的事。但我认为，育儿一定能获得同样的，不，更多的无可替代的"宝物"。

人们对育儿有很强的偏见，认为做这件事很平常，做到这件事也很平常。育儿这项工作很难得到他人认可。

正因为如此，家长首先要多表扬自己。对每天全力以赴的自己，家长要多加认可，夸奖自己"今天也很努力！"。

每天都在育儿的各位，真的辛苦了！

我希望阅读本书的各位，和孩子在一起的时间变得更加充实，脸上绽放出笑容。我也希望，更多的孩子能在未来得到幸福。

我和大家一样，也是一名家长。今后，为了帮助孩子成长，我希望大家对每天被认为理所当然的事心存感激，同时按自己的节奏和方式做事。今后，大家也一起享受信任式育儿的乐趣吧！

蒙台梭利教师　明衣